U0084745

／細說日本料理。讓你做個日本通／

日本料理大不同

林麗娟・吳寧真｜著

你吃對日本料理了嗎？

在台灣，日本料理（日本人稱為「和食」）可以說是最受人喜愛的菜系之一，追根溯源，日本料理其實深受中國飲食演變所影響，「箸」（筷子）、茶葉、稻米、年糕、清酒、醬油等都與中國有所淵源，加上日本也使用一部分的漢字，這就讓我們容易看字辨意，猜測本身也構成了一種樂趣，例如：「懷石料理」跟抱著石頭有什麼關係嗎？「燒物」應該是燒烤的吧？「蓋物」是有加蓋子的湯品吧？「冷鉢」是冷盤嗎？要進入日本料理的世界不難，遠遠比要認識歐美料理來得快，因為在中日之間已經有了共通的歷史文化飲食基礎。

雖說如此，在我美食採訪職涯中，吃過了愈來愈多的日本料理之後，我卻更加疑惑：「我吃對了嗎？就正統做法、規範禮儀、四時在地特色種種要求來說，我吃對了嗎？關東和關西有很大的差異嗎？為什麼關東人吃文字燒？關西人吃大阪燒？東北的拉麵為何那麼鹹而九州的拉麵就可親多了？」知識，總是在請教與受益、探索與反芻之中，一點一滴地成長，我每每想著如果身邊有本工具書，讓我一開始就能參閱、隨時都能翻找答案，那不是很好嗎？

坐而言不如起而行，就如同為了撰寫烘焙食譜書，我會購買西點烘焙專業字典，從裡面汲取知識，為主廚作者和自己所思所想進行印證，那麼，國人接觸得最頻繁、最習慣也最喜愛的日本料理，是不是能夠有本書來呈現該怎麼吃、如何才算懂得吃？還有，什麼是日本茶？日本酒？日本甜點？

應出版社之邀，整理長期以來所接觸日本料理而累積的認知和經驗，再請長期在東京求學的女兒寧真蒐集日本資訊並作翻譯、共同執筆寫作，開始著手編寫《日本料理大不同》，感激台灣省烹飪同業公會聯合會理事長、老字號「福野日本料理」餐廳負責人葉振興提供他的食譜書籍資料，支持我把完成本書視為使命，進行採訪、拍照、撰寫，希望讓想要進一步認識日本料理享用旨趣的讀者們，有所參考。

記得當我置身於九州鎮信流數百年古宅的靜謐茶室，品飲著源自大唐中土茶樹的嫩芽綠茶，泡茶師恭謹優雅的奉茶儀態，以及加熱水後快速擊沸茶湯直到泛發細緻泡沫的專注神情，至今還讓我無比感動、回味，也一直希望有更多國人能親身體驗抹茶茶席全程，感受到日本料理的精華，面對日本美食甚至中國飲食有股追根究柢的好奇。

一再經歷日本料理的流動饗宴，從探討日本料理的遷徒、傳承、變化中，我本身也追溯了屬於中華古老歷史年歲的光華，衷心期盼本書對於您和我，都是一個新的起點，開卷有益，樂在美食文化的品味領域中。

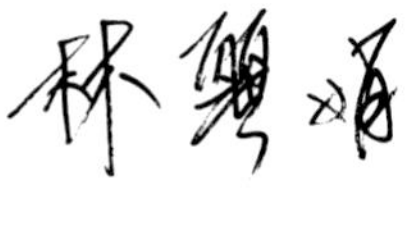

為別人著想的民族

我在日本留學幾年，學習的除了學校的課業之外，當然還有生活中的在地文化，而因為我很愛吃，其中最最重要的當然就是飲食文化了！對於與台灣截然不同的日本飲食文化，我常產生疑問，並且不時地拿去煩我的日本朋友們。

東京的拉麵為什麼那麼鹹？日本人為什麼喜歡吃生蛋？吃御好燒的時候應該配飯嗎？為什麼櫻餅的葉子可以吃，柏餅的葉子不能吃？為什麼、為什麼……。基於對國際友人的友好，我善良的朋友們並沒有對我的十萬個為什麼卻步，總是很努力地想要找出答案給我，不過很多時候他們自己都不知道標準答案。例如拉麵，有人認為拉麵湯根本不是能喝的東西，麵吃完就好；有人則認為連拉麵湯一起喝完才是拉麵通（拉麵專家）的吃法，兩方各執己見，最後把等待答案的我撇在一邊，兀自展開龍爭虎鬥。

還有，吃拉麵時應不應該發出吸麵的聲音呢？我詢及的大部分朋友認為這不是「應該」發出聲音，而是「可以」發出聲音，讓練習了好久都發不出聲音的我鬆了一口氣。那麼這是拉麵的特色嗎？我又問，吃蕎麥麵跟烏龍麵可以發出聲音嗎？朋友：「可以。」麵線呢？朋友：「可以吧？」義大利麵呢？朋友：「當然不可以啦！」冬粉和米粉呢？朋友們面面相覷，又把我撇在一邊鬥起嘴來，我只好自己粗略總結一下，能發出吸麵聲的應該是有湯汁的麵類。

日復一日，我很喜歡在餐桌上觀察日本人怎麼吃東西，食用的順序、筷子擺放的位置、到底是規矩還是習慣等等，如果這是規矩，入境隨俗，我會盡力想做得跟日本人一樣，如果這只是習慣，我就按照我覺得合理的來。最後我發現，日本料理的規矩和習慣，其實最終都導向一個結論，就是日本人「為別人著想」的民族性，吃日本料理時，只要注意儀態（不要讓別人覺得刺眼），注意行為舉止（不要給別人造成麻煩），基本上就能滿足八成以上的要求。當然了，為了追求完美，這本書是以如履薄冰的心態，希望把那兩成需要注意的小地方也都補上，能盡力解答讀者的所有疑問。

真的非常感謝能參與這本書的製作，我查了很多資料，詢問了大批日本朋友，增加了不少知識，也印證了自己之前許多的觀察，自然地，也吃了很多好東西（為了拍照，貪吃成了必要的消費），完成這本書，收穫最大的也許正是我自己呢！

最後，謝謝辛苦的出版社編輯團隊，謝謝每次都認真回答我異想天開疑問的友人們，更要謝謝購買並閱讀本書的您，希望這本書能引起您對日本料理的好奇，能解答您對日本料理的疑惑，能增加您對日本料理的喜愛，並且幫您引出一條正確享用美食的捷徑。料理是帶來幸福的事物，也希望這本書能帶給您更多的幸福！

吳寧真

輕鬆親近日本料理

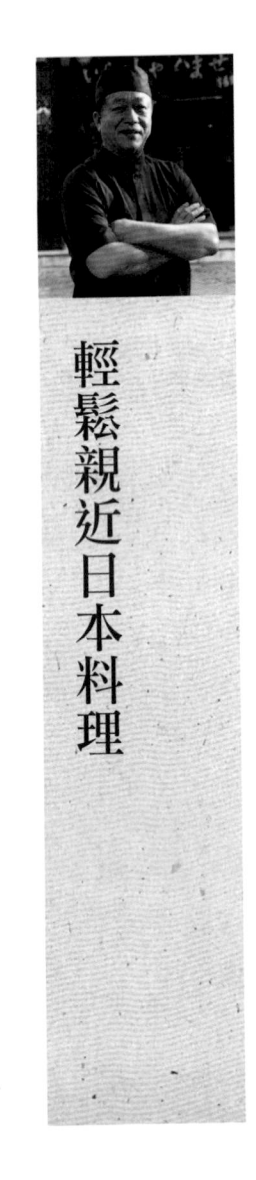

從一九八三年起，我在台中市公益路開設福野日本料理餐廳，迄今已經歷了三十多個年頭，見證了日本料理在台灣餐飲界演進的珍貴軌跡。

現在，台灣廚師們的手藝並不輸日本師傅，而且還能夠順應時代飲食的新風潮，注重低油、低糖、低熱量的健康美饌，不僅堅守日本料理原樣原貌的道地特色，還融入本地鮮美食材的巧妙創意運用，相信台灣的日本料理潮流永遠不會消退。

我也將畢生的料理經驗與烹飪技術傳承給我的兒子信宏及俊男，希望將日本料理廚藝的精緻、平易與獨特精神以各種面貌世代傳承下去，並且分享給大家。

麗娟是最常來「福野日本料理」用餐的美食記者之一，我記得她最喜歡坐在卡布里檯前，後來才知道原來她喜歡坐在那邊看著主廚準備餐點，並且藉著與主廚聊天的過程，了解所有食材的來源與特色，以及日本料理的文化餐飲精髓，是位用心且非常認真的媒體人。

我和麗娟曾共同合作《五星級日本料理》、《日本食堂 料理輕鬆做》這兩本食譜書，因為經營「台中空廚」的關係，有時我會贈送食譜書給外賓，連日本貴客看到後都相當欣賞與驚豔。因此我鼓勵麗娟進一步撰寫如何享用日本料理的書籍，讓大家可以隨著四季節奏的進行，吃得正確，吃得合乎禮儀，吃得有廣度又有深度。

看到麗娟拿出打拚的精神完成這本《日本料理大不同 細說日本料理．讓你做個日本通》，我替她感到十分高興，聽說寧真光是為了找四季應時的和菓子拍照，就跑了不下數十間的和菓子屋，期望讓讀者看圖識字，立刻明白，連買金平糖都特別訂製日本京都唯一遵循傳統、資深職人純手工製作金平糖的專賣店「綠壽庵清水」，令我相當感動。

藉著這次寫推薦序的機會先細細品味這本書時，我已替讀者們預先感應到一份幸福感，透過閱讀而吸收知識，再經親身體驗而轉化成自己的見識與感觸，具有無上的價值。

樂在閱讀，但願您每天花一點時間讀個一、兩節或一篇文章，配合圖片說明，讓您快速理解日本料理的歷史背景、文化內涵和實用意義。

現在，就請從這本《日本料理大不同 細說日本料理．讓你做個日本通》的第一章翻閱起。從明天起，您與「日本料理」的關係將比今天更加親密！

前台灣省烹飪公會理事長

葉振興

CONTENTS

CONTENTS

第一章。

日本料理的由來

日本料理究竟是什麼呢？日本料理承襲日本四季分明的特點，使用新鮮的季節食材，既擁有悠長的歷史背景，也在吸取外國文化的同時保持著「和」的特色，是一種非常具有自己風格的飲食文化。

之一。

提到日本料理會想到什麼？

提到日本料理（にほんりょうり），很多人腦海中會立刻浮現的是搭配哇沙米的生魚片、各形各色的壽司、蕎麥麵、烏龍麵、串燒，往高檔的方向想，可能還會跳出烤香魚、壽喜燒、帝王蟹火鍋、懷石料理的影像，涼冰與暖火的記憶交融在一起，片假名、平假名兩種文字交疊著飄到空氣裡，自己與日本料理就這麼聯結起來。

以上所提到的菜色，當然不能代表日本料理的全部，而只是其中的元素、結構、組成分子，正如同一棟城堡的無數個窗戶，它們頂多是幾扇窗，然而由於這幾扇觸手可及的窗，讓普羅大眾逐步認識了日本料理。

生魚片成代表性美食之一

舉生魚片為例，在日本，生魚片是最能體現季節變換特色的菜色，隨著四時的更替，把最新鮮的海產加上蔬果食材盛裝在碟盤容器裡，端到顧客面前，所盛的物件包括白蘿蔔絲、紫蘇葉、薑片，都必須是可以食用的，當然，也有些市井餐廳不免使用翠綠色澤的塑膠製假葉片，擺放在盤碟上當作擺飾，一眼就能看出來。

對於呈現在眼前的生魚片，首先會注意顏色上的搭配，再來是關注食材裁切的尺寸是否適當，咀嚼到嘴裡的時候馬上就能察覺其鮮度。製作生魚片的冷食檯師傅多會隨機應變，

左圖：生魚片是最能體現季節變換特色的日本料理。

右圖：冷食檯主廚在意盛盤的美感。

結合當時情景，加上對顧客習慣的掌握，推薦適切的食材和料理搭配方式，往往深得客人心，所以一位資深的廚師就如同鎮店之寶，也是服務的靈魂，能有為美食加分的效果。

生魚片如此一點一滴演進、優化，成為現時日本料理重要角色，有時甚至讓人直接聯想到：「吃日本料理，怎能不吃生魚片呢？」可見舉足輕重，那麼，究竟什麼是日本料理？它的淵源又是如何呢？不妨先有所認識。

之二。

日本料理的歷史背景

日本料理依日語的解釋是「日本式烹飪」，隨著歷史的演變，結合傳統文化、習慣而更動它的內涵與形式。在日本，稱自己國家的排場料理為本膳料理，是很正式的日本宴席，正如台灣、大陸、港澳也稱這樣的本國料理為國宴、官府菜、正宗北京料理。

中世紀一一九二年起的鎌倉時代、一三九三年起的室町時代，日本的本膳料理結合茶道，懷石料理問世。既有品茶，也有獻給貴客的精美菜肴，隆重的、備置豐盛宴席的「會席料理」也據此衍生而來；到了十八世紀末至十九世紀初的明治時代，日本菜色終於形成了定型的飲食文化和習慣，為世界各國所接觸及熟悉。

飲食受中國、歐洲影響

日本料理的歷史淵源，深受中國飲食文化影響，如日語所稱的「箸」（筷子）就是來自於中國。在物種的推進歷史上，早在西元年代開始的彌生時代（見第三十頁表一），中國正值漢武帝時代（見第三十頁表二），日本列島就以水稻為主，發展農業，進入農耕時代。除了種稻，也飼養牲畜，所以主、副食有所區分，為幫食物添加佐料，開始學習釀酒，奠定了今日日本菜的基礎。

到了西元七一〇年起的奈良時代，日本社會階層分明，上層貴族與中國明顯有文化上的交流，向中國的飲食文化和宴席制度取經，引進國內，在篤信佛教的民間，則禁吃肉食、不用油，飲食簡樸。直到西元一三九三年起的室町時代，佛教派別之一的禪宗以及茶葉都隨著與中國僧人的交流而帶入日本，也就是在這個時代背景之下，誕生了懷石料理，追求著一種自然、祥和的精神層次。對於外來美食文明的飢渴，讓日本人敞開胸懷接受外來物質，歐洲的油炸類菜色也在室町時代開始傳入日本，就是後來所稱的「天婦羅」。

日本料理五大元

歷經動盪的戰國時代後，來到西元一六〇三年開啟的江戶時代，德川家康大將軍的「江戶幕府」時期於焉開展。江戶時代是日本料理形成的重要階段，平民、貴族的宴會都大增，促進了日本飲食行業的發達，並逐漸形成本膳、卓袱、會席、懷石等四大料理，加上雖新但富歷史淵源的精進料理，這五大料理構成了日本料理的五大元，融匯演變成今天的日本料理，處處見諸於日本人的日常生活中。

本膳料理、懷石料理、會席料理三大類別都是正統的日本料理，起源與意義雖然有所不同，但料理的內容與方法並無太大差異。

本膳料理 最講究規矩的貴族料理

・本膳料理（ほんぜんりょうり）：起源於十五世紀室町時代的上流社會，是由足利義滿將軍所定型化的料理，屬於宮廷貴族料理，極為講究規矩禮法，是日本禮法、禮儀制度形成過程中的產物，舉凡舉筷、端碗、吃飯、喝湯都有固定的儀式。重點在於菜與湯，用餐方法是按照規定的禮法，把四方形小桌「角膳」擺放在客人面前，菜品放在托盤上，送到客人面前。如有五個托盤就叫作「五膳」，分五次上菜，視招待客人的身分及場合正式程度，可酌情增加「膳」的數量及等級，所以有基本款的一汁三菜，也有隆重版的三汁七菜，以喝完濃濃的綠色抹茶畫下休止符，最後上桌的烤魚、羊羹（或雞蛋捲、煮甜豆點心）兩道是禮物，不能當場吃起來，必須打包帶走，否則會被視為不懂禮節。

隨著近代自由輕快的歐風飲食文化興起，規矩嚴格的本膳料理已逐漸式微，真正的本膳料理現今只會偶爾出現在婚喪喜慶、成年儀式或祭典宴會等正式場合，倒是由本膳料理發展而成的會席料理，成了當今日本最普遍的宴會料理。

卓袱料理 源自中國七菜最普遍

・卓袱料理（しっぽくりょうり）：源

生魚片（沙西米）講究鮮美現吃。

自於中國古代的佛門飲食，針對隱元禪師推動的「普茶料理」（以茶代酒，不喝刺激性酒飲的料理），融合日式元素而成，與普茶料理最大的差別是會使用魚類及肉類食材。江戶時期一六三三年起的鎖國時代之中，唯有長崎向中國、西、葡等國開港，卓袱料理便在這種背景下出現，後來成為長崎有名的鄉土菜肴，也稱「長崎料理」。

用餐者圍著一張圓桌，坐在有靠背的椅子上，所有飯菜都放在大中小不等的圓盤上，先上小菜，然後主菜一次擺上桌，一同享用，望著滿桌的辦桌菜肴，自是感覺豐盛無比。這種料理會採用當地產的水產肉類，一般的菜色是魚翅清湯、茶、大盤、中盤、小菜、燉品、年糕紅豆湯和水果，小菜可以是五菜、七菜、九菜，以七菜最常見，生魚片也常出現在桌面上。

會席料理 武士聚會的宴席料理

・會席料理（かいせきりょうり）：原本稱為俳席料理，是十七世紀江戶時代因武士之間進行連歌、俳諧等聚會所發展出來的宴席料理，由懷石料理簡化而來，菜色簡樸、形式較自由，後來這樣的宴會脫離連歌、俳諧，以品嘗酒食為主，便不再適合稱為「俳席料理」，而改稱「會席料理」；十八世紀在江戶等地開始有以會席料理為主的店家，並將會席料理複雜化及高級化為宴會料理，演變至今，地位形式大約等同西洋的晚餐宴會。

會席料理典型地依四季時序而有各季料理，通常是一汁三菜，也就是一道湯品及刺身、燒物、煮物，並搭配醃漬類、酢物、味噌、水果。由於承平近三百年之久，武士也追求文風，賦詞吟詩，佐以美酒、美食附庸風雅，吃法要比本膳料理自由且輕鬆，甚至融合外國的美味，例如「前菜」有的是中國料理中的冷盤或西式沙拉。

懷石料理 起源京都 配合茶道的料理

・懷石料理（かいせきりょうり）：「懷石」指的是佛教僧人在坐禪時，為了對抗飢餓感，專心致志參禪，而在腹上放幾顆暖石。懷石料理起源於十六世紀安土桃山時代，以織田信長的安土城和豐臣秀吉的桃山城為名。在安土桃山時代，為配合茶道，發展出懷石料理待客，由於起源地是京都，所以也稱為京懷石，演變迄今已不限於茶道，而是日本常見的高檔菜色。

以「懷石」命名的料理原本指的是禪僧的食物，食用的餐點當然非常簡樸，後來演變為配合茶道的料理之後，便開始追求精緻華麗，而失去最初的立意。因應茶席的時節，懷石料理的重點在於正確搭配季節、時間，選用正確適切的食材、食器、調理方式，講究非常繁複。現今懷石料理又已脫離茶道，經典的「茶懷石」無法在一般懷石料理店享用到，反而必須尋找茶道的專家。

宴席料理著重於多道豐盛的豪華感受。

精進料理 強調原味的素食料理

・精進料理（しょうじんりょうり）：起

源於佛教及禪宗的文化，屬於素食料理，強調烹調若精進，絕不致浪費原物料，而除了常用的五種味道苦、酸、甜、辣、鹹，精進料理更多了第六種味道「淡」，為了能夠體驗出微妙的第六種味道，精進烹調必須盡可能簡單而呈現原味，份量也通常不多，以免造成浪費。

在正統和食中，鐮倉被日本人認為是最具代表性的精進料理，自從鐮倉時代就開始運用嫻熟的製作技法來製作味噌、豆腐、醬菜，發展出屬於鐮倉僧侶的素食精進料理，就好像中國菜色也有所謂的豆腐宴一般。

精進料理講究黃、青（青、綠）、赤（紅）、白、黑（黑、紫）「五色」，以及甜、酸、鹹、辣、苦「五味」，生（冷）、煮、炸、烤、蒸「五法」，正是從中國傳統陰陽五行所流傳過去的漢風、養生、食療精義內涵。

在以上各時代料理種類的演進同時，並存著來自皇宮的「御節料理」御節供（おせちく），皇宮裡每逢新年（一月一日）、人日（一月七日）、上巳（三月三日）、端午（五月五日）、七夕（七月七日）、重陽（九月九日）等節日都要向神供奉食品，舉行祭祀和開宴。

如今，「御節料理」一般指的是慶祝新年而於正月初一食用的年節料理，須預先準備，避免新年期間年神進家裡，廚房如傳出嘈雜聲即是於神不敬，所以家中一連三天不開伙，做好的料理就盛裝在一大個多層漆盒裡，取名「重盒」，意喻將幸福層層堆疊，最多的話可到五重。

之三。

日本料理和文化不可分割

日本料理來自於日本人的日常飲食，串連的是地理位置上的全面版圖，同時也在時間軸上，串連起過去和現在，所以和日本文化不可分割。聯合國教科文組織（UNESCO）二〇一三年十二月公布新一批的非物質世界文化遺產名單，傳統日本和食（わしょく，washoku）上榜，屬於非實體的世界文化遺產。

和食是日本的第二十二件非物質文化遺產，最初由憂心日本飲食文化傳統失傳的京都料理相關人士提出，並獲得日本政府支持，也希望藉由將和食申請世界文化遺產之舉，讓世人重視和食形象，一同把珍貴的日本飲食文化傳承給下一代。

日本由北往南地區一覽圖

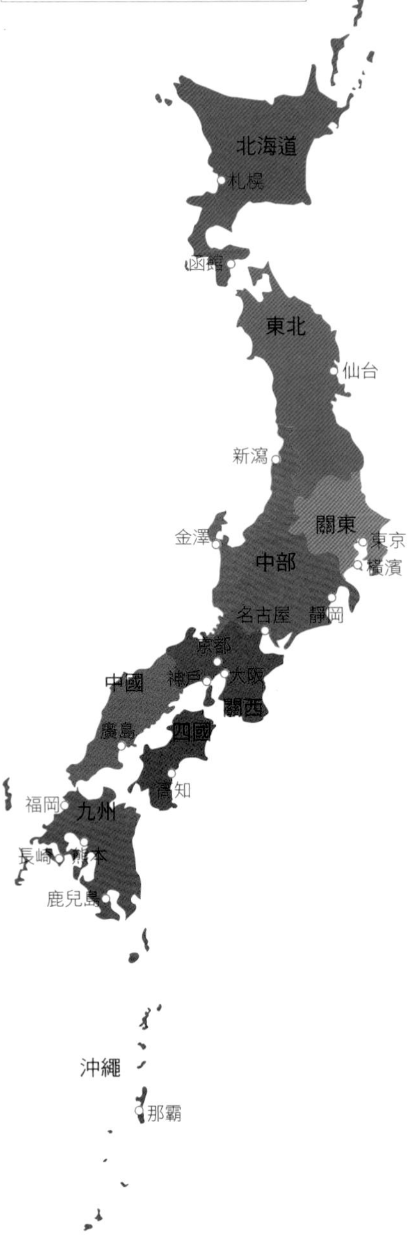

西化日深 復興和食

和食就是日本料理。日本在為和食申遺時，主打的特點是「新鮮多樣的食材，尊重原汁原味」、「營養均衡的健康飲食生活」、「表現自然之美與四季變化」以及「與新年等傳統儀式密切相關」。日本文部科學大臣下村博文表示，和食是吸引更多外國遊客赴日旅遊的原因，不到日本，如何吃得到正統和食呢？所以申遺成功只是起點，未來還希望把和食復興、發揚光大。

復興？沒錯嗎？會這麼說，是有鑑於如今日本新世代的兒童、青少年飲食習慣愈來愈偏西式，在家庭餐廳的點菜單上會出現薯條、熱狗與炸雞塊，屬於和食的主食有時竟然少到只剩烏龍麵一項，連日式豬排專賣店也賣起薯條、雞塊，讓日本料理職人憂心家庭餐點西化，和食漸漸不受未來主人翁的喜好與重視。

尤其近年來，學童票選最愛營養午餐前三名往往是咖哩飯、炸雞塊、漢堡肉，布丁、果凍、義大利麵也打進了前二十名，對日本料理職人來說，其中竟沒有純和食，是很難堪的，為了避免和食滅絕的隱憂，一批京都職業料理人創立的「日本料理學院」二〇一五年把十六所京都小學納入食育課程，帶小學生參觀師傅怎麼殺魚、怎麼熬一鍋高湯，用舌頭嘗嘗「昆布高湯」和「昆布加鰹魚高湯」的不同滋味；日本料理學院與京都大學合作成立的「日本料理實驗室」，則從科學角度分析日本料理的奧妙，還派年輕廚師到京大研究所深造。

和食、和風 大不同

日本自稱為大和民族，和食即為日本料理，和食是日本人對於自己國家料理的稱呼，

烏龍麵是日本人最喜愛的和食。

相對於「洋食」，和就是日本，「食」就是料理的意思，日本料理是和食的中文翻譯，日本人本身只講「和食」，台灣人則普遍稱它「日本料理」。

至於「和風料理」一詞，指的是「日式風味的料理」，並非「日式料理」。採用日式手法來表現的食物，例如漢堡肉排是洋食，但去除番茄醬，加上醬油、海苔等日式食材或調味料，就稱為「和風漢堡肉」；又例如義大利麵是洋食，但不加入西式材料如肉醬、起司，而加上紫蘇、海苔、明太子等日式材料，就稱為「和風義大利麵」，所以和風料理指的並不是融入其他菜系的風格，應該是「將其他菜系的料理以和風的手法呈現」。

日本飲食文化的特徵

之四。

日本的飲食文化涵蓋了講求食材、調理法、食器和食用方法的全方位技藝，這其中當然還考慮到食材生產、流通、食物營養、攝取、餐桌禮儀、背後的歷史意涵或典故等等，演變成為日本飲食文化。

食物來自於大地，因此吃什麼、喝什麼，首先仰賴先天上自然條件的餽贈，加上後天的人類行為，也就是研發種植、保存和調理的技術，搭配不同時代的生活面貌或要求、流行，構成了源遠流長的飲食文明。

平地資源貧乏海產豐

日本是個島國，其實是個物質極缺乏的國家，四面環海，春夏秋冬相當分明，島嶼眾多，卻乏平地資源，又常在冬季大雪覆蓋下，可食的植物並不多，例如甘薯（地瓜）就被比喻為飢荒時的寶物。倒是海洋資源豐富，魚種多，漁獲也可觀，因而魚類為主的海鮮是日本人最常吃的食物，也就創造出食用魚鮮的多種變化，尤以北海道的愛奴人光是對一隻魚的部位稱呼就多達兩百種之多，可見一斑。

一般說來，日本飲食文化有幾項特徵：

一、主食和副食分離

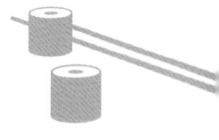

自古日本人的主食以小麥、豆類、黍、粟等雜糧穀類為多，稻米可是要蒸過、日曬後拿來繳納稅金的，價值高，不捨得吃，收割稻米之後就輪種粟、稗，充作米糧；昭和年代以後，稻米種植技術先進，收穫產量大，品質優良，

和食以海鮮為主，四時特色分明。

住在都市裡的人習慣了以稻米為主食，此外還有混合稻米和稗、芋頭、蘿蔔的雜糧飯，而這樣的風潮也逐步推展到全國，米飯之外，也吃魚肉、雞肉、豬肉和果實，蔬菜、豆子、甘藷、芋頭、魚貝海鮮類、海藻都屬常見的副食，魚貝類更是攝取動物性蛋白質的重要來源。

當戰國（室町時期）時代終了，進入到江戶時代，因為政局和平，稻米的供給安定下來，稻米成為主食，副食類則是醃漬類或醬菜類、乾物以及含有蔬菜的味噌湯等。

江戶是東京的舊稱，特別是指江戶時代的東京，以江戶城（今皇居）為城市的中心，當時統治日本的德川氏以江戶城做為居所，並將幕府設置於此，使江戶取代當時首都京都而晉身為日本實質的政治中心，從此名為江戶幕府與江戶時代。就地方的鄉土料理而言，江戶百姓的副食是比較奢華的，吃了白米飯得以溫飽，醃漬醬菜就愈趨華麗而如同奢華的代表。

到了西元一八六八年明治時代，積極海外貿易、興兵擴展領土，西洋料理日本風出現了，誕生炸豬排一類的肉食料理，米飯以外的副食類變得豐富起來，都市料理傳入鄉村的同時，日俄戰爭之後，兵士回到故鄉開起飲食店，稱之為外食，有外國人食物、到外頭用餐的意思，近代以來，西洋料理也逐漸登上日本料理的餐桌，開始有了融合、跨界的表現。

二、一湯三菜的基本食膳形式

原本在日本日常生活的餐桌上是一湯一菜的，包括白飯主食、味噌湯，後來擴充到加入菜肴如燒烤鮭魚片及醃漬醬菜類，算是一湯三菜，菜肴也從野菜演變到較精緻的蔬菜。

一湯一菜的食事，要追溯到江戶時代藩主上杉鷹山（一七五一年至一八二二年）提出儉約的政令，食事方面要求以一汁一菜（一湯一菜）為日常餐食規範，如一頓飯菜就是白飯和味噌湯、醃漬物，對照當時普遍貧窮的社會背景，並不為過，而且只吃早餐、午餐以便有氣力工作，晚上就不吃了，早早去睡覺，即使建立和平江戶時代的幕府將軍德川家康也只吃一汁三菜，魚貝類葷菜頂多只占其中一道菜。

直到明治維新，禁令解除，經濟較為富裕，一汁三菜才普及到民間，以往生魚片主要是以白肉的鯛魚、鰈魚、鱸魚等為材料，到了明治以後，呈現紅色色澤的金槍魚、鰹魚加入上桌陣容，成了生魚片的上等材料。在正式場合、慶典日食用的日式麻糬、赤飯（せきはん，紅豆飯，以糯米和紅豆同煮）、頭尾俱全的魚、酒類也就都開放了。明治維新後，文化、貿易開放，從歐美引進了食肉（海鮮以外的其他肉類）的習慣，明治政府也才解除了持續長達一千兩百年之久的「肉食禁令」。

時至今日，白飯、味噌湯再加上三項菜肴，便成了最基本的「和食」形式。

三、充分發揮自然風味的調理法

所謂發揮自然的調理法，指的是傳達季節的感受，其中尤以懷石料理為最高境界。在宴客菜單中，為了配合土地、氣候、風土等條件，須依照時令（日本人稱之為「旬」），選當季的食材，求其最新鮮、最味美，例如春天竹筍盛產，這時就會推出「若竹煮」，又例如能夠在魚貝收穫之初就搶先嘗到，無比滿足，因而有所謂的「初鰹魚」等初體驗的名稱，即使初批產出的海產、蔬果並不那麼成熟豐美，卻還是要透過高超的調理法來彰顯它百分百的美味。

的生物科技產品，能提味、下飯、保存營養、長久儲存、應付蔬果海鮮缺乏時的餐桌所需。以下為常見的發酵食品：

《酒類》

- **釀造酢**：酢酸發酵的酒；酢又稱醋。
- **味醂**：米酒發酵的調味品。

《穀物加工品》

- **納豆**：以納豆菌讓大豆發酵而成。
- **醬油**：以麴菌和酵母讓大豆發酵成。
- **味噌**：利用麴菌、酵母、乳酸菌讓大豆發酵而成。

《魚貝類加工品》

- **鰹節**：利用麴黴菌讓鰹魚發酵而成。
- **鹽辛**：以原材料自有酵素來酸化發酵。
- **魚醬**：不同於東南亞的魚露，日本利用已經發酵過的臭魚乾（くさや）液，將魚醃漬曬乾而成。

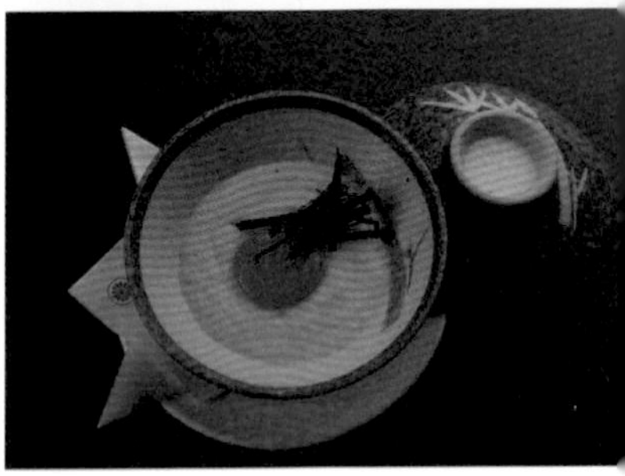

日本料理被喻為「眼睛的料理」，注重視覺美感。

四、盤飾配角務求美感

日本料理被喻為「眼睛的料理」，對於用具、食材、盤飾非常考究，為提升視覺美感的享受，就有了「掻敷」（かいしき）一詞，在餐盤之上、食材之下，採用樹葉、花朵或紙類來增添季節感及趣味，而在燒魚上通常會有山椒、薑，可驅除腥味。

五、大量食用發酵食品

味噌、納豆、醬油、醃漬物都屬於最古老

・**鮒壽司**：利用鮒魚的乳酸菌發酵成。

・**飯壽司**：將魚貝類和麴菌、麥芽、米一起發酵而成；與壽司或壽司的飯不同意思。

《野菜果實加工品》

・**醃漬物**：讓蔬菜發酵而成，包括泡菜、紅蘿蔔等。

《酪農製品》

・**乳酪、優酪乳**：利用乳酸菌讓牛乳和豆乳發酵而成。

六、搭配酒類

・**日本酒**：藉由麴菌和清酒酵母，讓米發酵而成。

・**燒酎**：發酵酒的蒸餾酒。

・**泡盛**：沖繩地區發酵酒的蒸餾酒。

・**燒酒**：由朝鮮（韓國）發酵酒的蒸餾酒傳至日本。

・**啤酒**：利用酵母讓大麥麥芽發酵而成，現已是極受歡迎的日常飲用酒。

七、搭配茶類

・**玄米茶**：以煎茶和炒過的穀物一比一混合成，茶香中帶有穀物清香，

用米發酵製釀的清酒（上）、以植物塊莖蒸餾製成的燒酎（下），風味不同。

能促進食慾、幫助消化。

· **烏龍茶**：來自台灣的烏龍茶是品質優良的代表，最為日本人熟知的產地為阿里山。

· **抹茶（綠茶）**：日本人對於抹茶很講究，最出名的產地包括富士山附近的靜岡縣、位於京都的宇治市。

日本時代區分一覽表

日本時代	起始年（西元）
彌生時代	57 年起
大和時代	367 年起
飛鳥時代	593 年起
奈良時代	710 年起
平安時代	801 年起
鐮倉時代	1192 年起
南北朝時代	1335 年起
室町時代	1393 年起
室町（戰國）時代	1477 年起
安土桃山時代	1576 年起
江戶時代	1603 年起
明治時代	1868 年起
大正時代	1913 年起
昭和時代	1926 年起
平成時代	1986 年起

中國時代區分一覽表

中國時代	起始年（西元）
黃帝軒轅氏等五帝	B.C.(西元前)2697 年起
唐堯	B.C.(西元前)2357 年起
虞舜	B.C.(西元前)2257 年起
夏	B.C.(西元前)2207 年起
商	B.C.(西元前)1765 年起
周	B.C.(西元前)1121 年起
秦	B.C.(西元前) 248 年起
西漢	B.C.(西元前) 206 年起
東漢	西元 25 年起
三國魏	西元 220 年起
蜀	西元 221 年起
吳	西元 222 年起
西晉	西元 265 年起
東晉	西元 317 年起
五胡十六國	西元 304 年起
南北朝	西元 420 年起
隋	西元 581 年起
唐	西元 618 年起
五代	西元 907 年起
十國	西元 920 年起
北宋	西元 960 年起
南宋	西元 1127 年起
元	西元 1206 年起
明	西元 1368 年起
清	西元 1616 年起

第二章。

日本各時期及各地飲食特色

日本一般是以北海道、本州、四國、九州、沖繩群島五大島為區分，各地都有其飲食特色。

之一。

日本各時期的飲食特色

日本料理受到中華文化影響很深，在隋唐時代，日本派遣特使到中國學習飲食文化和習慣，接著引進日本，尤其在明治維新之後，更從中國招聘大量廚師。在今天，北到北海道、南到沖繩群島，都可以看到街市上的「中華料理」餐館，多少融合了在地日本風，此外，也有標榜「和漢料理」的，比如台灣台菜、日本料理都賣的餐廳。

自古以來，在不同時代就發展出不同時期的飲食特色：

·**繩文時代：**文明未開，以狩獵、漁獵為部族的重心，從出土的陶甕、深鉢土器可以知道當時已有炊煮行為，夏天有鯨魚、海豚、沙丁魚、鰹魚、鯛魚、鮭魚、鱒魚等，此外還有昆布、蛤蜊、蕨類，牛肉、魚肉都用柴火烤到半熟後食用。

佛教影響 一日兩餐

·**彌生時代：**還是以狩獵、漁獵為生活要事，但種稻技術傳入，開始從事農業耕種，並且依田地所在而開始定居，就有了村落、社會的形成。隨著稻作收成，也衍生了祭祀文化。到了第五、六世紀左右，佛教先從韓國百濟傳入，西元五九三年聖德太子即位，飛鳥時代開啟，朝廷上有供宴儀式，六〇七年隨著遣隋使者的返國而帶回了筷子和湯匙，面對熱食也可優雅地食用。

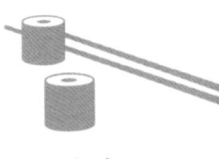

·**飛鳥時代：**開始種植金瓜、小麥、大麥、

粟、稗、蕎麥、黍、豆、韭菜、蒜、青菜、大根、桃、果實、野菜，又由於釀造法輸入，未濾清的濁酒成為居家日常飲料。西元六三〇年第一次派遣唐使，從中國引進了製作中式餅皮的技術。

・奈良時代：受佛教一日兩次粗食的影響，飲食上也有了一天兩餐的定型。隨著中國加工技術的導入，把大豆釀製成的味噌、醬油、醬菜、醃漬物、豆腐，視為是有益人體的健康食品。從中國傳入的茶，起先被當成藥用植物來看待，後來慢慢成為解渴、提神的飲料。清酒（さけ，sake）也出現了，引進過濾技術，濁酒變得清淨透明，又稱為「日本酒」。

・平安時代：貴族文化崛起，遷都京都，比照中國唐代版圖，把東側的左京稱「洛陽」，把西側的右京稱「長安」，因西側為濕地而遭廢棄，市政實質上乃以「洛陽」為主。京都的建築形式、飲食文化，到今天還保留唐文化的遺風，四季、美感的感受強烈，注重禮儀，在大規模的饗宴時，上菜甚至高達七膳，也就是七菜三湯，只不過其中有些是觀賞用的，著重於表現對季節的感觸和詠嘆，也讓客人感到賞心悅目，實際上可以食用的並不多，所以也不會吃到過飽。

鎖國時代 茶禪當道

・鎌倉時代：到了鎌倉幕府院政的武士時代，為求飽足而經常食用梅乾、玄米飯，蔬菜則有南國傳來的地瓜、馬鈴薯、大白菜、高麗菜、番茄、紅蘿蔔、南瓜等。

・江戶時代：鎖國主義興起，奉行日本茶道宗主千利休奠定了的茶懷石基礎，禪、茶湯、茶禮儀式最為重要，用餐先上三菜一湯，接著是酒，最後是抹茶。在專心一意以茶、禪

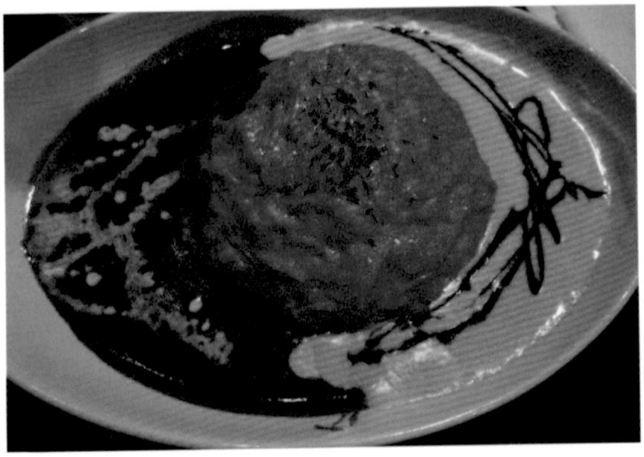

左圖：淋上牛肉醬及白醬的雙醬蛋包飯。蛋包飯為日本洋食的代表之一。

右圖：唐揚炸雞與蕎麥麵是人氣絕配。

為中心的同時，提供外食的居酒屋、料理屋、蕎麥屋、茶屋甚至菜市攤販應運而生，其中，茶屋因供應抹茶及搭配的和菓子，是休閒好去處。

・明治時代：明治維新以後，日本鎖國門戶的關卡橫濱被打開，原本以吃魚為主的民族也開始接受吃牛肉，於此同時，含有牛肉而展現多元化樣貌的中華料理依然受到歡迎。

洋食速食 占一席地

・大正時代：西風東漸，從東京等大都市開始接受外來的餐飲美食，尤其是來自歐洲法國、義大利的美食和咖啡特別有著高人氣，是時髦的同義詞，新的飲食風格、餐廳裝潢甚至用餐習慣，也帶動中產管理階層、商務人士，展開對於飲食新大陸的探索，「洋食」大行其道。「咖啡店」、「西餐廳」衝擊著一般的日式飲食店，所謂大正時代三大洋食就是：咖哩飯、蛋包飯、馬鈴薯餅（可樂餅），這些也是當時以及其後留學生的最愛，咖哩飯更搖身一變成為日本的國民食物，如雨後春筍般遍地開花，開在人潮最多的地方，特別是學校附近、學校內的食堂，便宜、方便又好吃。

・昭和時代：西元一九二六年昭和年代開始，一九四五年日本投降、二次世界大戰結束。戰後，麵包普及開來，因為在戰爭前後，為了補充稻米的不足，除了政府獎勵種植南瓜，人民也以麵包等其他能夠填飽肚子的食物來供應日常需求，直到昭和後期，經濟才又高度成長起來。

・平成時代：因為工作應酬、下班之後放鬆，一般人在餐飲方面的花費不少，通常也會搭配喝啤酒或清酒，而街頭林立的便利商店與起，包辦了生活裡部分的餐飲，如各式酒類、零食、泡麵、三角飯糰、涼麵、壽司、微波食品等商品，摩斯漢堡、麥當勞、肯德基等速食餐廳也逐漸攻占日本的速食餐飲市場。

和風披薩也在二次大戰後見於日本。

之二。

傳統料理與普及料理

大和民族是講究傳統、禮節以及感知四季時序的民族，儘管中古時期的古典料理有的已失傳或不再採行，但依然保留在歷史紀錄或復古節慶活動上。現今還能看到的傳統料理，隨不同場合而內容各異，大致如下：

・**四季粥品：**通常會加進四季不同的藥用植物或當季新鮮蔬果特產，例如春天的七草粥、用白蘿蔔葉煮的粥、五穀粥等。

・**雜穀飯：**鄉下或山中農家常煮雜穀飯，很營養、耐咀嚼，也常加入山蔬。

・**椎葉盛：**從古早時期傳承下來的料理，以山芋、芋頭為主，用椎葉、朴葉盛盤。

・**大饗料理：**宴會料理，講求不染色、不採用加工食品，求其自然原味。

・**有職料理：**依照朝廷規範及儀式呈現的官場料理，上菜順序、盛盤方式都務求精緻。

・**本膳料理：**代表著幕府繁榮的料理，有流派之分，如四條流、園部流、大草流、進士流、生間流等，追求美感，每喝一杯酒或茶就品嘗不一樣的料理，是美食極致。

・**式正料理：**至江戶時代初期為止，是正式的儀式料理，首先會端上被稱為「式三献」的引渡膳、雜煮膳、吸物膳，食品、食器、盛裝方式都有一定的規矩。

・**袱紗料理：**飯加酒、魚，比較單純。

・**會席料理：**如同套餐，以品酒為樂，重視鄉土特產品所帶來的樂趣。

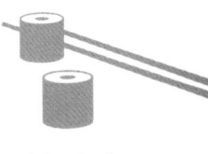

・**卓袱料理：**如同中式的圓桌饗宴，尤以

天婦羅是受西餐影響而出現的料理。

長崎的興福寺最興盛。

・**皿鉢料理**：是土佐的地方料理，以大盤子盛裝各種地方食材，可見於農家的大客廳。

至於各地的普及料理，是一般人熟悉的，可區分如下：

・**町屋料理**：重視季節野菜料理和米飯，醃漬物絕不可缺。

・**下町屋台料理**：料理師傅一邊做菜，顧客一邊吃，如壽司、手卷、蕎麥麵、炸天婦羅、生魚片盤、沙拉。屋台就是路邊攤，當初江戶的下町是指一般平民百姓住的地方，但因現在人口增加、區域擴張，下町就變成指老街了，每每講到下町就會有種古早味的感覺。

・**京腰掛茶屋料理**：以田樂豆腐為主的料理，即台灣人熟悉的「黑輪」。

・**火鉢料理**：又稱囲炉裏、七輪料理，以小盤或小碟子裝佐料，圍著同吃火鍋。

・**開化料理**：受西餐影響的料理，例如壽喜燒、咖哩飯、蛋包飯、雞肉飯、炸豬排飯及天婦羅、炸蝦、炸薯條等油炸類，通常以肉類為主食。

・**割烹、居酒屋料理**：備有菜單，喝酒配菜讓人能夠聊天或放鬆，割烹是以魚類為主，居酒屋則不以魚類為主，可加進串燒、油炸類等料理。

之三。

特色美食 由北吃到南

吃遍日本料理美食，以北海道、本州、四國、九州、沖繩群島（琉球群島）五大島的名城名地為例，值得好好品味的特產好料，遊覽兩、三趟日本都吃不完，而在台灣，可以拿以下資料當做參考，盡量尋找做得道地、正宗的美味店家去一飽口福。

日本的行政區域所包含各縣，如同以下分區：

- **北海道區：**北海道
- **東北地區：**青森、秋田、岩手、山形、宮城、福島、新潟
- **關東地區：**東京都、神奈川、千葉、埼玉、茨城、群馬、栃木
- **東部地區：**山梨、長野、靜岡
- **東海地區：**岐阜、愛知（縣都為名古屋）、三重
- **北陸地區：**富山、石川、福井
- **關西地區：**滋賀、京都、大阪、兵庫、奈良、和歌山
- **中國地區：**鳥取、島根、岡山、廣島、山口
- **四國地區：**德島、香川、愛媛、高知
- **九州地區：**福岡、佐賀、長崎、熊本、大分、宮崎、鹿兒島
- **沖繩區：**沖繩

北海道地區 大啖鮮美蟹肉

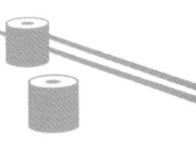

- 毛蟹、海蟹（北海道沿岸）：直接從

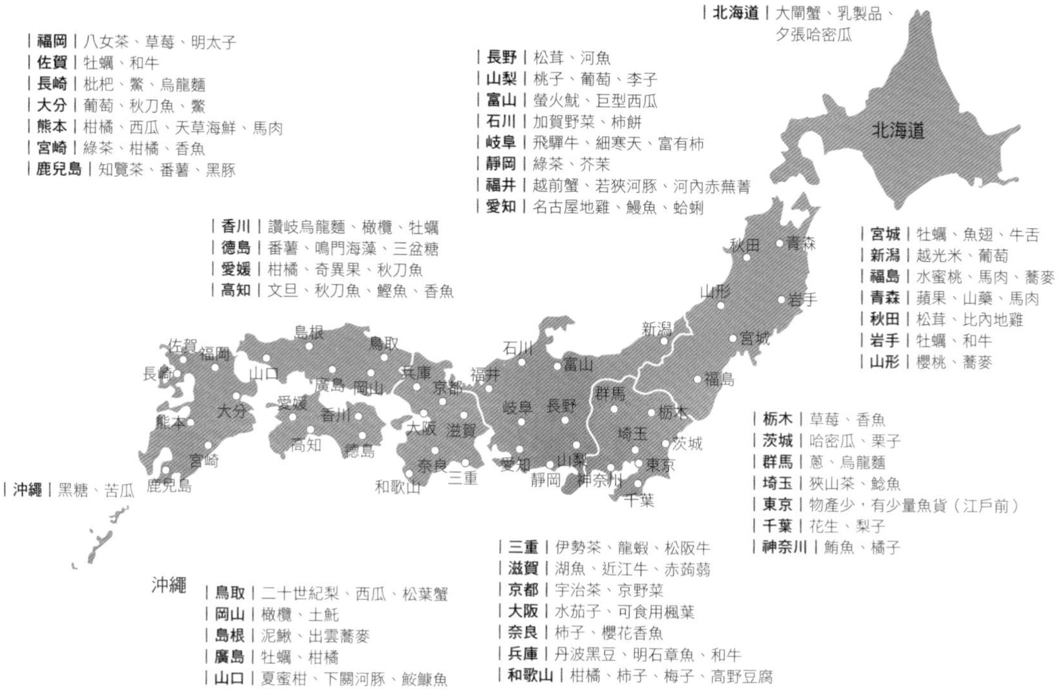

海洋捕獲的北海道毛蟹（日本毛蟹）、鱈場蟹（屬於帝王蟹種類）、花咲蟹（屬於帝王蟹種類）、石蟹、松葉蟹等等海蟹，一年四季都能吃得到，一般吃法是煮熟後剝殼吃肉，或是煮火鍋吃。

北海道三大蟹指的就是帝王蟹（又稱石蟹、皇帝蟹）、日本毛蟹、松葉蟹，先來介紹帝王蟹，因為它其實是包括四種以上大體型海蟹在內的統稱，也就是鱈場蟹（たらばがに，タラバガニ，red king crab，北海道當地人又稱它為將軍蟹，雄糾糾、氣昂昂，有著將軍的霸氣威勢）、油蟹（アブラガニ，aburagani）、棘蟹（イバラガニ，golden king crab，brown king crab）、花咲蟹（ハナサキガニ，hanasaki crab）等，都生長在深海底冷水場域，體型巨大，所以得名「帝王蟹」，台灣人最熟知、常見的是鱈場蟹，就通稱它

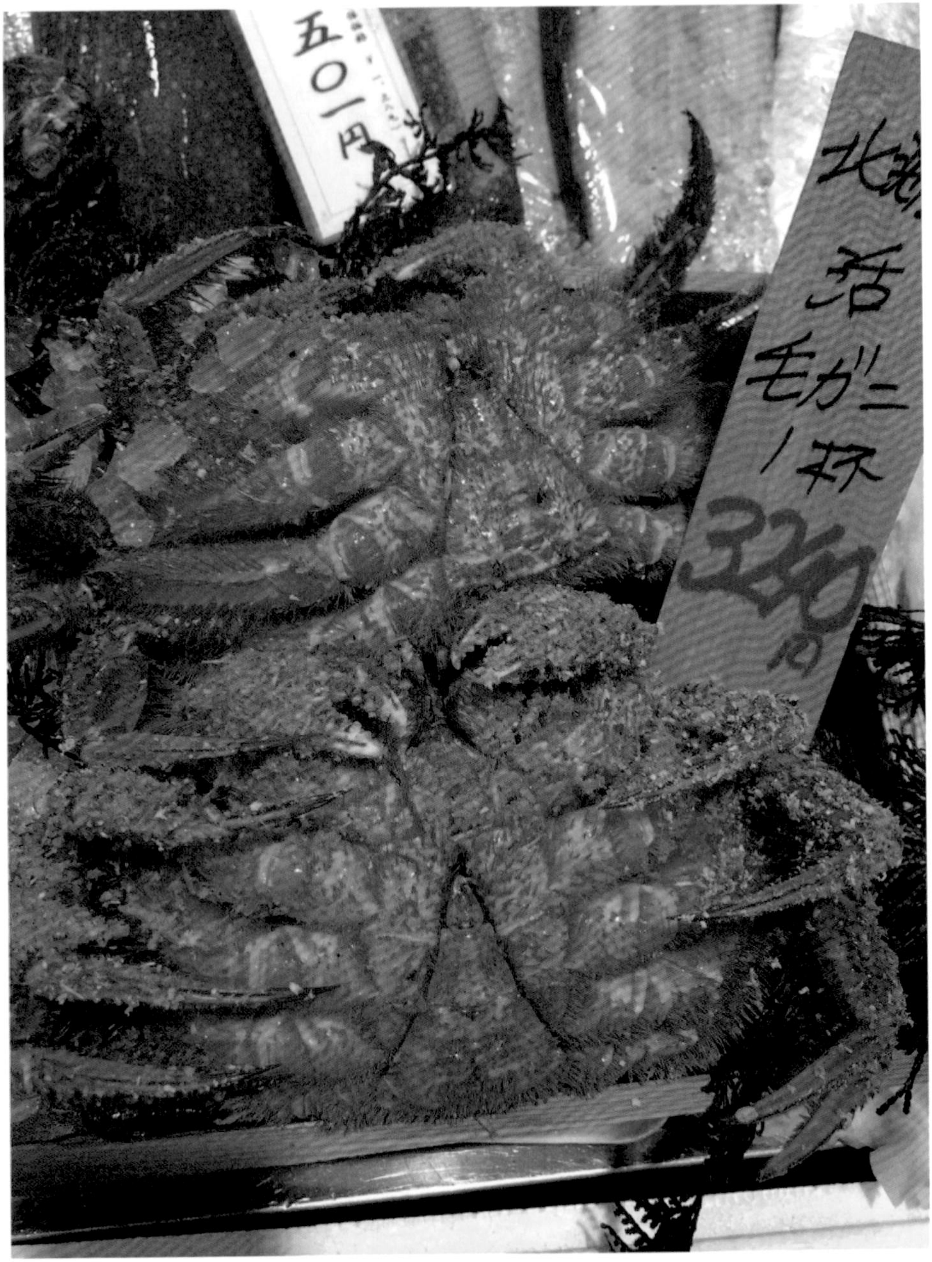

剛撈捕上岸的活毛蟹。

為帝王蟹了。

鱈場蟹之所以得名，是因為通常可在鱈魚場底下捕獲。跟一般的蟹不一樣，它是直著走的，而且，一般蟹具有二鉗八足，鱈場蟹卻只有二鉗六足。鱈場蟹個頭特大，一隻三點六公斤至四點五公斤不等，蟹甲堅硬且紅亮，如同一個大盤的面積，八支粗大的蟹爪足足有二尺長以上，肉質豐厚，一隻就夠全家四個人吃了，是北海道海產中的極品，要秤斤論兩來賣，在台灣的高級日本料理餐廳也能看得到它在水族箱裡的身影，當然宜趁著剛進口仍鮮活生猛時享用。

油蟹的價格比鱈場蟹便宜至少二成到五成以上，蟹腳內的肉較少，而且肉質稍微乾一點，活的油蟹可觀察蟹腳呈藍色，鱈場蟹則呈茶褐色，油蟹背殼上的四個凸刺棘也比鱈場蟹的六個來得較少較疏，但卻較長，常被魚目混珠當做鱈場蟹賣高價；煮熟以後比較容易辨認，鱈場蟹的蟹腳內第一、二關節部分呈現紅色，油蟹的蟹腳內側則是呈現白色的。

棘蟹的外表布滿銳利的棘刺，生活在最深的鱈場底部，捕捉極為困難，通常無量可供出口。

花咲蟹生長在從北海道東北部鄂霍次克海到白令海一帶，例如根室半島就是盛產地，常和昆布生長在淺海的礁岩地帶，硬殼的棘刺銳利，蟹腳內的蟹肉飽滿而美味。

以上是日本北海道的帝王蟹族群，除此之外，知名的帝王蟹選擇還有阿拉斯加帝王蟹、羅西亞海域帝王蟹等。

以下再提及北海道其他特產蟹品：

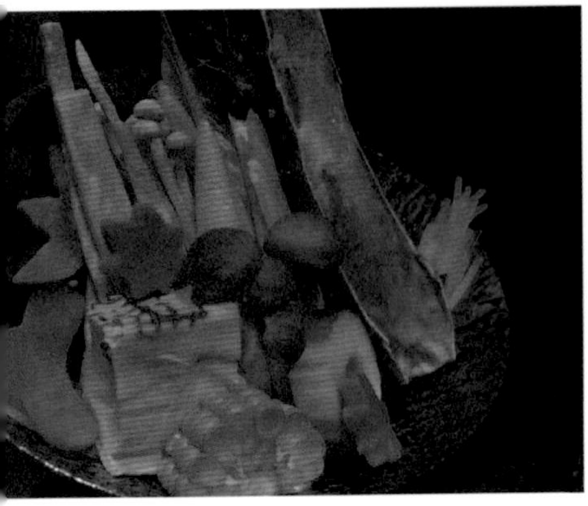

左圖：鮮美食材煮暖鍋，冬日最宜。

右圖：鮭魚卵做成蓋飯或拌飯都美味。

日本毛蟹（毛ガニ，Japan hokkaido hairy crab）又稱伊氏毛甲蟹，表面長滿細毛，俗稱北海道毛蟹，別名「大栗蟹」（オオクリガニ），也是名貴食材，在北海道沿線全岸都可捕獲。雖然體型較小，但蟹黃飽滿，味道非常甘美，蟹肉則很細緻，味道清雅。蟹膏比起大閘蟹有過之、無不及，濃郁滑柔，是很多饕客寧捨帝王蟹、大閘蟹而非吃毛蟹不可的最愛，日本人通常還把剝下的蟹殼拿來煮味噌湯，或加入火鍋湯底同煮，緊緊把握住那最後的絲絲鮮甜口感。

松葉蟹（マツバガニ，鳥取、島根等地也稱之為ズワイガニ，queen crab、snow crab）生長在茨城縣以北到加拿大北太平洋、鄂霍次克海一帶，自從《古事記》、《萬葉集》提及以來，就普遍被日本人熟知，而且視為「冬之味覺」，肉質甘甜，蟹黃、蟹膏馥郁，相當誘人。

在北海道最東方的根室半島，除了盛產大海蟹，九月上旬螃蟹節大啖以花咲蟹為多的大海蟹，九月中旬三文魚節，現烤捕獲量為全日本冠軍的三文魚（salmon，鮭魚），油脂豐富，因而稱為「油脂三文魚」，此外鮮美的特產還包括三文魚壽司卷、飽滿的厚岸蠔以及吉次魚（棲息在北海道至伊豆的太平洋沿岸深海中，外表鮮紅色，白肉富含油脂，漁夫採「延繩釣」方式捕魚以免損及肉身的完整性，品質和鮮度都很高）、扇貝、花甲蛤、鮭魚、細身寬突鱈、海膽、蝦子、海帶。

· **海膽（北海道沿岸）**：每年六月至八月，在整個北海道由南至北沿岸都可品嘗到現開的海膽和海膽壽司、海膽蓋飯。

· **烏賊魚絲（函館）**：把剛捕獲上岸的烏賊魚（墨魚）洗淨後切絲，用薑絲或薑末等調味料醃泡入味，就很清鮮有勁，軟中帶Q。

· **大馬哈魚子蓋飯（北海道）**：新鮮的、鮮艷橘紅色的大馬哈魚子（鮭魚卵），讓人眼睛一亮，含到齒間輕輕咬破，很有彈性，魚子的脂香味馬上散發在口中，經典北海道作法是把醬油、酒稍加浸醃過大馬哈魚子，澆淋在米飯上，就成了蓋飯，到北海道旅遊、泡溫泉，不可不嘗。

美味的海膽受許多老饕喜愛。

在台灣，如果買不到來自北海道的鮭魚魚子醬罐頭，最好是吃從俄國或中國東北黑龍江、撫遠一帶捕撈的、天然野生的大馬哈魚所取魚卵，但市售也有人工合成的魚子罐頭，價錢便宜很多，選購時宜多加注意。

・玉米（北海道）：夏天可多吃當地新鮮盛產的玉米，滋味特別甘甜，水煮即吃，或抹上甜辣醬再火烤，都能好吃到一口接一口。

・烤羊肉火鍋（札幌）：用鐵鍋燒烤羊肉和高麗菜等蔬菜，再蘸著以醬油為主所調製的醬汁入口，又爽口又暖身。

本州 口味多元 具地方特色

一般區分為關東地區、關西地區，特色美食各有勝場。

廣義上，以名古屋為分界，不包括名古屋在內的東半部就是關東地區，版圖較大，包括了首都東京、神奈川縣、千葉縣、埼玉縣、茨城縣、栃木縣、群馬縣，位於日本列島的正中央位置，蔚為政治、經濟、文化中心。

東京於西元一六〇三年德川家康開創江戶時代、建江戶城而繁榮，明治以後，江戶改名東京，成為日本首都。

關東地區特色美食擇主要者介紹如下：

・關東煮（東京）：關東煮是由東京傳入大阪的，同樣的東西，關東地區稱為「田樂」，關西地區則稱為「關東煮」。

魚漿或肉漿製成丸塊狀，用竹籤串著，以昆布或柴魚高湯煮熟，清湯鍋可以煮魚板、黑輪、黃金蛋丸、龍蝦卷、高麗菜卷、竹卷、蘿蔔塊、香菇、海帶、豆腐、蒟蒻，在寒冷的冬夜搭配熱湯和醬汁，暖和又滿足。

・**深川蓋飯（東京）**：起源於江戶時代，深川漁民把新鮮的蛤蜊、蔬菜和醬汁、湯水煮在一起，澆到飯上吃，既方便、快速又能飽足，可說是就地制宜的風味美食。

・**鮎魚（茨城縣）**：就是鯰魚，凡在淡水湖裡捕撈到的鮎魚，除了現切刺身（生魚片）以外，還可以烤魚片、做火鍋料理。

・**香魚料理（伊豆）**：在伊豆清流裡生長的香魚，味道清香，製作乾香魚、醃漬燒烤或做香魚飯，都很營養、可口。

・**沙丁魚飯糰（千葉縣）**：千葉縣銚子市的沙丁魚捕獲量為日本之冠，食材最新鮮，沙丁魚剖開後，加醋、鹽醃漬或烤熟，再塞進飯糰，是當地特有的風味佳肴。

・**依開達煨料理（南伊豆）**：起源於漁夫們冬天在海岸邊要吃早餐，就把當天的漁獲加海藻、蔬菜及自家製作的醬料放進同一鍋煨製，成為火鍋料理。

關西地區指的是日本古伊勢國（現稱三重縣）鈴鹿關以西的奈良、京都、大阪、神戶古城，關西特色美食可留意：

・**鯽魚壽司（滋賀縣）**：滋賀縣琵琶湖所產的鯽魚，被奉為高級品，鯽魚壽司選用產卵期含卵的鯽魚，去鱗、去鰓、內臟後，用鹽醃起來，經一個月左右後，用水清洗鯽魚，再和蒸好的米飯醃在一起，存放半年以上，等待發酵，這樣費工而得的鯽魚壽司屬於熟壽司（narezushi）的一種，沿自傳統的防腐保存手法，滋味不同凡響，有股獨特的酸味，營養價值高，被視為「日式乳酪」，吃法是把它切開，直接食用，或加入茶泡飯、菜粥、清湯中。

・**湯豆腐（京都府）**：湯豆腐是日本冬

季不可缺少的火鍋料理，讓人通體溫暖起來，尤其在濕冷的京都。手工製作的豆腐質感嫩滑，口感清爽，吃法是把豆腐放入昆布高湯中煮到浮起，再蘸著佐料吃。這時的滋味最佳。早先，湯豆腐是京都的佛教僧侶所吃食物，因而當地很多湯豆腐老店流傳下來。

・**高野豆腐（和歌山縣）**：高野豆腐就是傳承自早期防腐保存作法，把豆腐冷凍後脫水晾乾的食物，也就是凍豆腐，取名來自和歌山縣的佛教寺院「高野山」，同樣是日本佛教徒常吃的食物。由於營養高、易消化，也成為很受日本家庭喜愛的燉菜材料，在豆腐孔洞裡吸入湯汁美味，但宜注意以防燙傷。

・**章魚燒（大阪府）**：又稱章魚小丸子，小巧可愛，吃法有趣，風行全國，把調味好的麵糊倒入專用的鐵板內，然後放入章魚，邊烤邊翻動，烤成球狀的章魚丸子，用筷子或牙籤插食，口感柔韌綿軟，整顆都是軟的（章魚燒傳到東京，關東風味的章魚燒外焦內軟，關西風味的則柔韌綿軟），立刻感受到章魚的咬勁和鮮香味道，可搭配青海苔粉、調味醬汁、柴魚片食用，後來也衍生出蘸蛋黃醬（美乃滋）的吃法。而在兵庫縣明石地區則有蘸著調味汁吃的，稱為「明石燒」，這是因為在關西附近的海裡捕撈到的章魚很有名，特別以明石地區的章魚為上品。

中部地區 平民美食 吃得滿足

中部地區可再細分為東海地區、北陸地區、中部東部地區，東部地區由北向南的三縣是山梨、長野、面向太平洋的名茶產地靜岡；東海地區包含內陸的岐阜縣、沿海的三重縣、豐田汽車公司所在的愛知縣以及縣內以紡織、陶瓷器崛起的大城名古屋；北陸地區是地勢上較為北邊的富山、石川、福井三縣。中部地區著名特產如下：

·**特色雞（名古屋市）**：使用尾張的本地雞和中國的三黃雞交配，名為名古屋雞，號稱日本三大名雞之一，當地菜單上還會出現「名古屋交趾雞」字樣，現在人們已習慣稱牠為名古屋 cochin 雞，帶著紅色光澤的雞肉夠份量又富彈性，聞著有股脂肪的香氣，料理店家通常先把雞翅膀油炸後，塗抹調味料，撒鹽、胡椒、白芝麻，最適合當下酒好菜，

上圖：日本家庭常自備章魚燒機，製作章魚燒。
下圖：小巧可愛的章魚燒風行日本全國。

而雞蛋也極為美味。

・**餛飩（山梨縣）**：餛飩是鄉土料理，把麵條加南瓜等蔬菜放入鍋，加醬汁熬煮，甘味都釋出，滋味美妙，可依季節或個人喜好加入芋頭、蘑菇等蔬菜或雞肉、豬肉去煮，冬至日必吃，全身暖呼呼。（日文的餛飩跟中文的餛飩不是同一種東西，它是一種麵條的稱呼，有點像是扁扁的烏龍麵）

・**醬味炸豬排（愛知縣）**：是當地平民料理，調味醬汁八丁味噌淋在豬排上，濃洌

炸豬排是日本人的最愛。

入味再炸。在餐廳點炸豬排時，如被問到是要調味醬汁的或是大醬汁的，其中所謂大醬汁意指愛知縣特有的濃辣口味大醬。如果是大醬調味汁，則指八丁味噌醬是加入鰹魚汁、白糖調成的，帶有甜味。

·**醬煮（愛知縣）**：是愛知縣具有代表性的平民料理，以帶有鰹魚味的大醬湯汁來煮只用麵粉和水做成的烏龍麵條，麵條很有彈性，醬汁則很具鮮味，通常在砂鍋裡同煮的配料有雞肉、蛋、蔥、香菇、年糕等，有時也能見到名為基子麵（きしめん，kshimen）的寬麵條代替烏龍麵，如果把麵條、配料倒出在翻過面的砂鍋蓋上吃完，鍋裡的湯汁還能再煮米飯，吃到很飽。

·**越前蟹（北陸地區）**：只在冬季開放捕撈，在兵庫、鳥取、島根捕撈上岸的稱為松葉蟹；在福井等北陸地區上岸的稱為越前蟹，身價最高，滋味最細嫩；在丹後半島撈上岸的稱為間人蟹，都是公蟹，至於母蟹就是香箱蟹，或稱抱子蟹、親蟹，數量更稀少；北陸極致美味越前蟹可做刺身、烤蟹、蟹肉鍋等多種吃法，冬季賞味，莫此為甚。

·**栗子料理（長野縣）**：從江戶時代開始，長野的栗子就貴為貢品，尤以小布施堂的栗子名氣最大，栗子材料的蛋糕、羊羹、冰淇淋、栗子飴不容錯過。

四國　讚岐烏龍麵最知名

四國地區包括德島、香川、愛媛、高知，是充滿地方風味的度假好去處。

·**鰹魚（高知縣）**：鰹魚和金槍魚一樣，都是日本人最喜歡的魚種。早春時節，順著太平洋的黑潮而北上的稱為「上鰹魚」，自古就珍貴受重視。高知縣的土佐因盛產優質

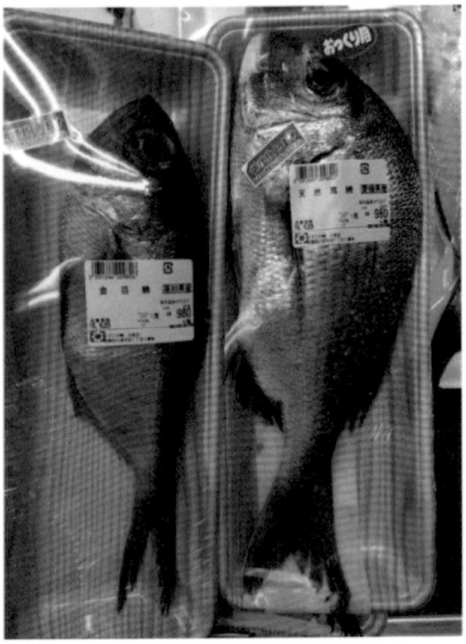

鯛魚深受許多日本人喜愛，真鯛（右）更被奉為「魚類之王」。

的鰹魚而聞名，鰹魚遂成為指定的縣魚。在土佐，有一種用一根釣絲釣魚的獨特釣魚法，叫做「一本釣」，這種捕魚法可以表現對鰹魚育種的尊敬，不致濫捕。鰹魚做生魚片味道佳，因而在土佐傳統的皿鉢（sawachi）料理中，鰹魚自然是主要材料。

另外，還有一種有名的料理叫做「半生鰹魚」，是把鰹魚的皮用微火烤至呈金黃色，但魚肉並不烤熟，烤過就立即浸入冷水並迅速撈出、滴乾水分，蘸著 pons（ポンス，一種以橙汁加上醋調和而成的醬汁）醬汁吃，跟福岡博多縣汆鍋所用的雞肉蘸料一樣是 pons。

・鯛魚（愛媛縣）：鯛魚又稱加級魚，是日本人特別喜好的魚類之一，盛產季節是四月到五月，尤其在瀨戶內海，專吃蝦、蟹、貝類長大的鯛魚，味道特別鮮美。緊鄰瀨戶內海的愛媛縣有種鄉土料理「鯛魚飯」，把整條鯛魚和大米一起蒸，十分闊氣，此外，也有把蛋黃和特製調味汁混合成調料，澆淋到鯛魚生魚片上再配飯的吃法。鯛魚中的真鯛被奉為「魚類之王」，形狀優美，肉質鬆緊適中，滋味極佳，自古就是節慶活動中不可或缺的供品。

・讚岐烏龍麵（香川縣）：香川縣是讚

蔥和蔬菜是雞肉汆鍋的提鮮食材。

岐烏龍麵的發源地，最為知名，吸引遊客前來參觀麵條加工廠以及購買烏龍麵，自用送禮兩相宜，當然也少不得到烏龍麵店大飽口福。來到烏龍麵王國，品嘗Q滑彈牙的專製麵條，喝一口加進淡味醬油的湯，或是涼麵加蔥花、薑絲、雞蛋、芝麻吃，極為爽口。

九州 冬季代表料理汆鍋發祥地

・汆鍋（福岡縣）：福岡縣是汆鍋的發祥地，平均每戶每年的雞肉消費量為日本冠軍。汆鍋的起源可追溯到明治時代，受到當時的西式清湯和中式雞肉料理的啟發，誕生於福岡縣博多地區，而與關東煮共同成為冬季的代表料理。

汆鍋是將滿滿一鍋雞肉和蔬菜放入雞骨熬煮的湯中，加入蔥等配料，蘸著pons醬吃，鍋裡面放的雞肉，當然以福岡縣產的博多雞為最佳，放養的野味濃，肉質緊實，在吃完雞肉、蔬菜後，可以把冷米飯放入鍋中，做成雜燴粥，汆鍋肉末湯汁的精華就會全部被大米所吸收，滋味一級棒，營養成分又高。

・燒酒（鹿兒島縣、宮崎縣）：燒酒是日本具有代表性的蒸餾酒，依據作法不同，分為兩類：本格燒酒、薯燒酒。

根據古老製法，將酒精以外的香味成分也提煉出來的叫做「本格燒酒」，意即真正的燒酒，可以品嘗到小麥、白薯、大米、蕎麥、紅糖等原料本身的樸實口感和香味。

位於九州地區的鹿兒島縣和宮崎縣是盛產薯燒酒的地區。鹿兒島縣的薯燒酒又稱薩摩燒酒，歷史悠久，早在四百年前的室町時代就已在民間普及開來，史料中有記載。薯燒酒具有獨特的香甜味，普遍的喝法是加冰喝或兌熱水喝，以免太濃。加冰喝可以體會

左圖：冷汁是宮崎縣的鄉土料理，夏天極為消暑。

右圖：從燒酒中可以品嘗出各種不同原料的口感與香氣。

到燒酒本身的醇烈與清涼，加熱水喝則別有一股濃郁的芳香和甘甜，建議隨著季節的變換來選擇冰、熱的不同喝法，更添樂趣。

・**大盤烏冬麵（長崎縣）**：長崎自古就是重要的東西方貿易集散地，大盤烏冬麵分為用油炒的粗麵條和用油炸過的細麵條兩種，前者滑潤，用豬骨、雞骨熬成湯，加上勾芡澆在麵上，吃麵喝湯，享受加倍；後者有點像廣東炒麵，鬆脆而香。配料包括魚貝類、清鮮竹筍和木耳，高級的還加進豬肉。

・**冷汁（宮崎縣）**：冷汁是宮崎縣具代表性的鄉土料理。用竹筴魚、小沙丁魚等熟魚乾熬湯，放入黃瓜等蔬菜以及薑等佐料，即成冷湯，再倒進熱米飯裡食用，相當樸素、清爽，很適合酒後食用，最早是宮崎縣農民為趕農忙、節省吃飯時間而發明的，時至今日，當地各家各戶都可加進個人喜愛的材料而讓冷汁的風味、特色傳家。

琉球 苦瓜漢堡 別處吃不到

・沖繩黑糖：使用當地產的甘蔗煉製蔗糖，再加黑糖、糖蜜製成，香濃甘甜，可當零食吃或加入咖啡、紅茶、綠茶中飲用。鹿兒島甘蔗種植量大，也同樣盛產黑糖。

・苦瓜：翠綠色的山苦瓜，是僅次於黑糖的第二大特產，除了只有此處才得嘗的苦瓜漢堡，苦瓜炒什錦、苦瓜拌豆腐、苦瓜炒火腿蛋也是到處可見的菜色。

沖繩黑糖加進寒天冰品，美味大提升。

第三章。

關東、關西料理大不同

日本電視節目《料理東西軍》，每集藉由兩隊主廚各推出一項料理競賽，有時是同屬麵飯類的對決，例如蕎麥麵對上烏龍麵；有時是關東好菜PK關西佳肴，同樣都是道地日本料理的話，您會支持關東還是關西口味呢？

之一。

關東、關西的飲食文化與習性

對於日本關東、關西的飲食文化與習性，台灣人往往脫口而出的是：「關東人吃得鹹，口味重，用濃口醬油；關西人口味淡，用薄口醬油。」

劃分範圍 各有不同

先來界定關東、關西的區分，因為確實存在著幾種分法，有些亂，本書特別以日本國家旅遊局官網上的現行劃分為準。廣義上的區分是以本州的名古屋為分界，不包括名古屋在內的東半部就是關東地區，版圖較大，包括了首都東京、神奈川縣、千葉縣、埼玉縣、茨城縣、栃木縣、群馬縣，位於日本列島的正中央位置，蔚為政治、經濟、文化中心。東京於德川家康開創江戶時代、建江戶城而繁榮，明治以後，江戶改名東京，成為日本首都。

關西指的是日本古伊勢國（現稱三重縣）鈴鹿關以西的奈良、京都、大阪、神戶古城。

這裡另外提供其他劃分方式供讀者參考：

美食節目偏好以富士山或岐阜縣關原町為分界，以東就是關東地區，以西是關西地區，關東以東京為主體及代表，關西以大阪為主體及代表。方言學者則以靜岡縣的浜名湖往上經過長野縣到新潟縣這條地理線，更精細地劃分關東、關西，關東依然包括了一都六縣。

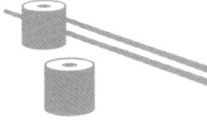

除了說話有所謂的東京腔美學、京都腔正統、大阪腔爽直大方易親近，在生活習慣、喜好上也不盡相同，例如在上下地鐵、電車、百

貨公司內的樓梯時，關東人會走左邊，而關西人走右邊，如果要登上同一個手扶梯，也能明顯看出關東人靠左站而關西人靠右站，所以關西人在這方面的習慣和台灣人相同。而對於醬油、味噌湯、高湯、豆腐、壽司、刺身、鰻魚、黑輪、阿給（油豆腐）、關東煮、天婦羅則出現較大的差異，形成了關西人好清淡、關東人重口味的制式印象。

這就不得不提及地緣上與歷史文化、地理環境、風土人情的關聯。關東舊東国，德川家康的征夷大將軍所謂的「夷」，指的其實就是關東地區到東北地區，是文明開化得比較晚的區域。

關東食物以東京為代表，在歷史背景上又稱為武家（武士階級）的料理，因為練武流汗多，地處幕府時代，以前的鄉下又以農民為多，習慣吃鹹的食物補充鹽分，漸漸地養成了偏鹹的口味，拉麵湯底甚至多見濃郁醬油的醬油拉麵。

關西以大阪為代表，老早以前就是商業中心，長於經商，在歷史背景上又稱為商家的料理，經濟狀況較好，也有很多知識分子階級，懂得挑選好食材，口味就著重鮮清而偏淡，關東、關西料理流傳到台灣時，台灣在經濟環境上已經是富裕的，也懂得分辨生鮮或死鹹，因而接受度高的即屬關西口味；相同地，台灣人赴日本旅遊時，往往吃不慣關東、東北的拉麵，直呼：「鹹死人了！」不得不加湯水才喝得下，而關西到九州的拉麵相較之下就比較符合台灣人的口感，也就容易入境隨俗了。

之二。

醬油口味　兩地差異大

眾所周知，關西地區習慣用薄口醬油，關東地區偏好濃口醬油，對於濃淡口感的要求有落差，造成了關東、關西口味差異的基本面向。

日本飲食受中國的影響甚深，而醬油「醬」字，從周朝就誕生了，《詩經》大雅篇記載「醓醢以薦，或燔或炙。」《毛傳》記載「以肉曰醓醢」，孔穎達注疏「蓋用肉為醢，特有多汁，故以醓為名。」醓醢可說是帶汁的肉醬，有如義大利肉醬，原本是把肉剁碎，經過發酵後會生成油汁，稱作醢，可加進動物鮮血而為醢，隨著技術的流傳民間，人們使用比較便宜的素材如大豆來製作形同肉汁的調味品，滋味很不錯，尤其根據中國現存最古老的農業書即北魏的《齊民要術》記載用黑豆製成的豆醬清，黃豆醬油、黑豆醬油因而進入到庶民百姓的生活必需品當中，在宋朝出現了「醬油」一詞。

水質有別 影響醬油味道

關東地區的醬油比較濃，這跟地理環境有絕對的關係，由於水質屬於硬水，難以消除來自土壤農作物的土味、海流海鮮的腥味，於是大量運用濃口醬油來調節味道，而關西地區的軟水水質比較能融入食材的內部，當然食物清爽、湯汁透明就是上乘了。

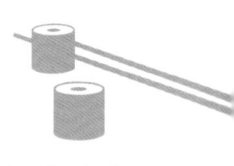

其實，除了關東濃口醬油、關西薄口醬油，中部地區也大量使用醬油，日本最具代表性的有名醬油莫過於中部一帶愛知縣的醬油，

淡口醬油可以用在高湯。

而中部地區如岐阜縣、三重縣等地醬油品質也很好，比起一般的醬油濃厚又具備獨特香味，在吃生魚片、壽司類食物時經常會用到，然而關東人還是嫌它「嘴淡」而不太能接受。

濃口醬油當蘸醬 淡口醬油適調味

起源於佛禪宗教文化的素食精進料理，強調在苦、酸、甜、辣、鹹五種味道之外，還有對應的第六種味道「淡」，所以精進烹調雖然簡單而原味，卻要能夠品嘗出鹹淡之別，甘於平淡才格外能體會清新樸實之境，薄口醬油也就是對應於原本濃口醬油味道的薄淡之味，色澤也比較淡。市售的濃口醬油通常是淡口醬油的兩倍濃縮品，顏色深、味道鹹，適用於生魚片等蘸醬；淡口醬油則適合用在高湯調味或烹飪鍋物時，讓醬油的用量獲得漸進的控制，食物香氣隨之散發。

只是，不少薄口醬油的製造過程中其實添加了鹽水代替水，在稀釋鹽分的同時等於又添進了鹽分，因此選購時最好比較就同樣容量的醬油來說，哪一個品牌、產品真正低鹽低鈉，又或者使用海鹽、岩鹽會比精製鹽要來得健康；另外，有些人在飲食態度上對於薄口醬油顯得很放鬆，覺得它不鹹，反倒恣意地增加了攝取量，這樣當然一點也不「薄」了，建議享受食物原味，實在需要添加鹹味時，再分多次少量增添為宜。

關東無醬油不歡 關西調味選擇多

日本人對於辣味的接受度很低，不太能吃辣。關東人會區分辣味與鹹味，但對頗好清淡的關西人來，辣就是重口味，也歸納為鹹味。

也由於此，關西人喜好清淡的烏龍麵，關東人喜愛重口味的蕎麥麵，不但加醬油，還可能撒下不少唐辛子（辣椒粉）、七味粉，也因此，在東京一帶的關東地區真是無醬油不歡，從湯底到調味料，整體口味都變得濃重了。

在關西，人們會以其他米醋等醬料來取代部分醬油的使用，然而在關東則多先淋醬油食用，可以看得到飲食店裡不論是炸鰺魚或目玉燒（荷包蛋）、炸竹輪天婦羅、烤魚，拿醬油當調味料，尤其竹輪加醬油是典型的吃法，而直率地在烤魚上面淋醬油的舉動，常令台灣人傻眼。

之三。

味噌口味 關東辛鹹、關西溫和

醬油、味噌都是對於日本料理調味至關重要的首選，事實上，味噌傳自於中國北魏時期的米釀、豆釀，醬油源自於中國宋朝時的味噌桶底汁液，如同缸製醬油一般，缸底的味噌汁液稱為溜醬油，是特別濃郁而香氣逼人的始祖醬油，後來因不符市場所需，衍生了成本降低，可直接調味的濃口、淡口醬油。

戰爭時期重要軍糧

味噌是最古老的原始生物科技產物，從日本歷史繩文後期、彌生中期的遺跡中，可以發現以獸肉或魚貝類的鹽漬發酵物，很類似「醬」，比醬汁更為濃稠，保留著米、豆的顆粒狀，其實就是後來所稱的味噌，足見日本人食用味噌的歷史非常悠久了。

追溯起來，大約在北魏時期（西元三八六年至五三四年），中國製醬技術才流傳到當時所謂的「倭國」日本，梁朝簡文帝改制為大寶元年時所頒布的大寶律令中，就出現了日本那時把味噌寫作「未醬」，到了奈良時期（西元七一〇年至七九四年），「味噌」已見記載於文獻中，名稱就是「未醬」。

後來在室町時代，味噌廣受喜好，流傳到各地，蓬勃發展，在戰國時期，味噌更是打仗的重要軍糧，各軍將領把味噌製作方法視為軍方機密；直到江戶時代，局勢太平下來，味噌才被揭開了神祕面紗發展成各地的地方特色食品，在後來的鎌倉時代（一一九二年起），和

味噌湯是日本早餐必備的料理。

歌山縣日高郡紀州的興國寺僧侶，還把前往中國宋朝朝聖所學到的金山寺味噌製作成徑山寺味噌（きんざんじみそ），並廣教村民，意外發現沉澱在味噌桶底部的汁液極為美味，於是命名為「溜り」(tamari，溜醬油之意)，形成了醬油的起源，桶內的味噌、桶底的溜醬油走向不同的發展。

溜醬油色澤滑亮，香氣強烈，從當時就大受喜愛，被視為調味珍品，主要的生產地是近畿、讚岐，但到了江戶時代，人口穩定繁殖，相形之下，從製作到出貨需時約三年的溜醬油已經供不應求，於是製造時間縮短的濃口醬油、薄口醬油才相繼問世。

一六四〇年，江戶周邊開始出現從溜醬油而進行製工改良的濃口醬油，風味亦佳，製造工程改良後，甚至也連帶造就了後來的秋田縣魚醬、伊豆半島和群島的臭魚乾汁，醬味深濃，例如伊豆群島之一的新島更是以臭魚乾（くさや）聞名，島民為能節省物資，重複利用專醃臭魚乾的鹽水（臭魚乾液）來醃漬捕獲的鰺魚、飛魚、鬼頭刀魚，裝進玻璃瓶，發酵後成了帶有異味的鹹魚乾，跟瑞典的鹽醃鯡魚、冰島發酵鯊魚肉很類似。隨著時代演變也多改以魚露來醃漬，比較方便、衛生，通常醃漬十至二十小時入味，然後拿出來日曬一、兩天，變乾了即可食用，因味道特別鹹，燒烤後，味道既香又臭，搭配島上的島燒酎很順口。自江戶時代各家自製，還是女子出嫁時的重要嫁妝。

一六六六年在關西兵庫縣播磨的龍野市，円尾孫右衛門長德研發出淡口醬油，比起濃口醬油，顏色比較淡、味道比較薄，正迎合了當時京都講究食材原味的素食精進料理，就此風行起來。

如果在東京這樣的大都市，通常點個烏龍麵、蕎麥麵等等，服務人員並不會詢問你需要關東或關西口味的醬油，倒是店門口或菜單上可能會標示該店使用濃或淡的醬油，如果兩者都有，可以主動跟服務員說要哪一種。而隨著關東、關西人的交流頻繁，例如商務差旅、讀大學、旅遊等等，服務周到的大餐館也會同時提供關東及關西的湯頭、醬油以備點選和取用，避免顧客吃得不盡興，就算到便利超商買份日清烏龍麵泡麵，也可以挑選要關東或關西的口味，涇渭分明，卻又同時並容。

就味噌而言，如同口味的輕重導向，關西地區偏好比較淺色的味噌，關東地區則加強了鰹魚湯汁的比重，整體上，味噌的口味就比較強烈。

長野信州　味噌重鎮

味噌原本是戰國至江戶時代貴族、軍閥階級擁以自重的祕製醬油兼營養補充品，江戶時期味噌普及後，口味變化多樣，各異其趣，關東地區好用鹽巴，還被關西人譏評為「鄉下味噌」，跟後來興起的首都相比，古都京都始終有著歷史背景上的優越感，京都人慣用的白味噌滋味清淡，也可說是貴族味噌吧！

地處本州中部偏屬於關東的長野信州，自鎌倉時代以來就是最著名的味噌重鎮，在日本約有三分之一的市占率，在地特產屬於鹹口味的米味噌，搭配當地另一特產蕎麥麵，充分彰顯出關東的重口味。

米味噌產量最多

味噌是以黃豆為主要原料，再加上鹽以及不同的種麴發酵而成的，就原料分類，可分為米麴製成的「米味噌」、麥麴製成的「麥味噌」、豆麴製成的「豆味噌」，其中米味噌的產量最多，占味噌總產量的八成，最為大眾熟悉的白味噌就是米味噌，以西京味噌、信州味噌為米味噌的代表。（註：西京位於奈良縣奈良市西部地區，地處古京都之西而得名。）

以口味區別，可分為味道鹹重的「辛口味噌」及味道較甜而淡的「甘口味噌」兩種。在原料比例上，麴料占比較重的，製成的成品偏向於甘口味噌，例如關西白味噌、九州味噌；若是鹽的比例較重，就會做成偏向辛口的味噌，信州味噌就是辛口味噌的絕佳代表；關西及其他較溫暖的西、南地區，平日飲食清淡，不須辛辣鹹重，所以製作出的味噌口味也較淡，關西的白味噌、甘口鰹魚味噌、九州味噌都是頗具代表性的甘口味噌。

就顏色區分，可分為偏紅色系的「赤色味噌」（赤味噌）、偏米黃色系的「淡色味噌」兩大類，淡色味噌中還包括了白味噌，此外，可把兩、三種味噌調和而成「混合味噌」。味噌顏色的深淺受到製麴時間長短的影響，製麴時間短，味噌顏色比較淡，「仙台味噌」就是製麴時間較長以致顏色變深的赤色味噌，豆熟香味濃，冬天煮一鍋又暖又過癮，而西京味噌則是大眾接受度很高的淡色白味噌，味道溫和，一般而言，比起信州的淡色味噌鹹度來得低，最適合夏日食用。

之四。

日常調味料 同中仍有異

蔥分粗細 關西不吃納豆卷

除了醬油、味噌，日本料理的調味料家族也屬種類繁多，關東、關西地區同中求異，再次展現了壁壘分明的趣味風貌。來看看有哪些調味料發生這種有趣的變化。

・**蔥**：關東地區所說的蔥，一般指的是粗蔥；關西地區說的蔥則是細蔥。

・**納豆**：納豆是日本傳統食品、健康食品兼特色食品的代表，在江戶時代開始盛行。關東人在早餐時是吃飯配納豆，關西則是把納豆加進粥類、茶泡飯中。把納豆當成不可或缺的調味品時，重口味的關東人會把納豆加上濃口醬油和山葵、細蔥攪拌成黏黏一團的醬物後，加到白飯上吃，甚至在東京的迴轉壽司店還推出納豆卷，而關西人是不吃納豆卷的。

日本人喜歡將納豆配飯吃。

之五。

年菜、美食、甜點 風味比一比

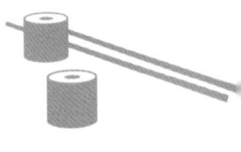

一道食物，其實涉及了食材產地、佐配料選用、烹調手法、飲食習慣、呈現方式等等，關東、關西地區也就在部分菜色上有了差異。

先說元旦日的日本過年，年糕是必吃的，關西地區習慣用白味噌湯煮丸餅（圓形年糕）來吃；關東則是用清澈的高湯煮切餅；切餅意指四角、長方形年糕，為何是方塊狀而不是圓片，這是因為江戶人口密集，用刀把年糕切成四角形比起用手捏成圓形更快速、更方便料理。

過年吉祥菜 關西鰤魚、關東新卷鮭

關西過年吃鰤魚，關東則吃新卷鮭，從特有魚的產地來區分關東和關西地區，那就以從東京到九州的大地溝帶為界，這條中央構造線是日本最大的斷層系，大約在富士山上下形成縱貫之勢，由此區分關東、關西，鮭魚、鰤魚就在它分布的東、西半部雙雙成為除夕必吃的吉利魚，也因喜好的魚不同，造就了關西的鰤魚文化圈和關東的鮭魚文化圈。

來自北海道一帶的新卷鮭有「神之魚」美稱，除了當地鮮吃，就是製成冷凍鹹魚，遵循相傳百年以上的古法，先去鮭魚內臟，以清水沖洗，再抹上鹽，保留魚的鮮美滋味和粉橙色澤。

在關西地區，鰤魚是正月裡不可缺少的魚種。尤其在北陸地區，正月裡或喜慶之日，萬一餐桌上沒有鰤魚鎮住場面，這個家庭的招待規格就會被嫌棄，年慶也就不像年慶了。

鰤魚（ブリ，從日文「油」字的讀音變化而來）是非常有趣的魚，隨著成長階段而有多達上百個不同的名字，價錢當然節節高升。其實，長到六十至八十公分的才能稱為鰤魚，確實不容易。台灣人比較了解而且最愛吃的是青魽肚，作生魚片或表面稍微炙烤後搭配壽司飯，非常軟滑美味。鰤魚著名產地是面向日本海的富山灣，西北方位的冰見港是卓越的天然漁場，地理環境得天獨厚，冬季捕獲的五條寒鰤魚最享盛名。

鰤魚是一種洄游魚，出生於九州南端溫暖海域，再成群結隊游往北海道南部海域，等到秋季水溫下降而變冷時，整群游回南部海域過冬，歷經六、七年終於長成約七公斤左右的成魚，再到次年冬天就能長到體長一百公分、體重十公斤，南下產卵，在此時捕撈得的鰤魚稱為「寒鰤」，是最頂級的。野生鰤魚的肉質甜美，油脂豐腴且均勻散布在肉質當中，堪稱入口即化，在和食的品級中絕不遜於黑鮪中腹。但日本也有稱作 hamaqi 的養殖魚，價錢比起天然鰤魚來得便宜。

關東人愛蕎麥麵 關西人吃烏龍麵

至於平常日子的料理，關東、關西材料以及烹調法也有大異其趣的，歸納如下：

・**月見湯圓**：中秋節吃湯圓，關東人以湯圓比喻月亮，關西人則是用芋頭比喻月亮，所以關西人的湯圓會加芋頭，甚至以紅豆餡來幫湯圓加料，當然要比關東的好吃。

・**壽司**：關西提到壽司就是在說「箱壽司」，而關東則是指握壽司。

・**稻荷壽司**：關東的稻荷壽司是把白米壽司醋飯包進豆腐皮裡，好像稻米的草袋一般，

關東關西對壽司各有堅持，左起握壽司、卷壽司、豆皮壽司。

蔚為主流；關西方面則是用豆腐皮來包什錦壽司飯，呈三角形。

．**麵食**：以麵條本身而論，關東人偏好蕎麥麵；關西人偏好烏龍麵。

．**拉麵**：二次世界大戰前後，中華拉麵被引進到日本，除了手擀麵粉、在拉扯下擴展彈性的麵條，少數日本人也以蕎麥麵粉製成的麵條來充作拉麵，而所謂拉麵都是帶湯的湯麵。關東人喜好醬油拉麵，湯汁味道濃郁且呈現醬油色澤；關西喜愛清淡的、以鹽調味的拉麵，湯色清爽。

．**烏龍麵**：比起拉麵來，烏龍麵是粗的白麵條，關西人的口味比較淡，一般以昆布來煮湯，並且喜歡放進油炸豆腐皮，稱為狐狸拉麵；關東地區則是喜好採用鰹魚湯汁，口味較濃厚。

．**泡麵**：關東、關西地區都有，但湯汁不同，連帶的味道就不同。關東的調味比較重、鹹，加黑芝麻；關西的口味清淡，加白芝麻，例如「丼兵衛」品牌的同一款泡麵，考量到關東、關西飲食習慣不同，就在調味包上區分，顧客在購買時可以選擇W（關西）或E（關東）版本。另外，關東的人非常愛吃炒麵的泡麵，但關西不見販售。

文字燒有鍋巴香 大阪燒鬆軟很飽足

・壽喜燒（すきやき，鋤燒）：鋤燒起源於江戶時代，農人拿鋤頭下田耕種，農忙之際，無法回家吃飯，就地使用簡單鍋具燒煮手邊現有的食材裹腹，甚至就在鋤頭上烤肉，稱為鋤上燒煮，簡稱鋤燒。鋤燒跟壽喜燒的發音完全一樣都是すきやき，而關東人一開始並不講壽喜燒，關東的稱呼是「牛鍋」，現在則稱牛鍋或壽喜牛鍋、鋤燒；關西人才講壽喜燒，「壽喜燒」是普遍為台灣人所熟悉的名稱。早先，牛肉來源少，也不盛行，都以魚貝類為主材料，一八〇〇年後大量採用雞肉，一八六二年起因橫濱港口的居酒屋旁開設了牛肉鍋的飲食店，牛肉壽喜燒才漸漸流行起來。

關西向來被認為是壽喜燒的正統，對關西的民眾而言，享用鋤燒象徵著家族團圓在一起，此外，如果遇上值得慶祝的日子也會圍著吃鋤燒，吃法是：先煎肉，再用適量醬油、砂糖調味，接著放入蔬菜，之後就用酒、水來調味，在挾起菜或肉食用前，會先蘸上打散的蛋黃。蘸蛋黃這個動作，在關東也是一樣的。

關西人吃牛肉，有些人喜歡塗牛油先煎肉，調味除了酒、水，也有人會加入味醂、昆布汁，牛肉是最主要的好料，趁嫩享用牛肉以後，會把蔥、豆腐、洋蔥、蒟蒻絲、椎茸、筍子放進鍋煮熟後吃，菜料豐富，吃到心滿意足。關東地區吃壽喜燒的方式是先烤牛肉後再煮，烤牛肉不必烤到全熟，鍋底是以醬油、味醂、料理酒、砂糖、水當湯底，煮開後，加蔥，這時就可放進蔬菜同煮。

・御好燒：關東的文字燒，其實不能算是御好燒，但卻常被認為是關東版的御好燒，作法是動手煎高麗菜、豬肉、花枝等，邊剷起來邊吃，喜好軟柔中略帶點乾焦鍋巴味的口感，

御好燒店家常讓客人選擇喜歡的食材，自己動手煎。

份量不多，一般不太能吃飽；關西則是大阪燒，或稱什錦燒，把高麗菜絲、雞蛋、山藥泥、蝦皮、炸麵花（てんかす，用天婦羅麵糊炸成的碎麵花）攪拌好，混合到鐵板上煎熱，鋪上薄豬肉片，煎熟後撒調味料、柴魚片、海苔片，再分切而食，享用鬆軟的口感，也能吃飽。

．**鰻魚**：日本人認為鰻魚營養豐富，容易消化，提振體力，在夏天濕氣太重、食慾不振或身體疲累虛弱時，都可吃鰻魚，甚至制定每年的「土用の丑の日」（註：以日本國立天文台發布為準）為鰻魚日，就如同台灣人端午吃粽子、中秋吃月餅一般。鰻魚日的主食是鰻魚蓋飯（鰻丼，うなどん）或鰻魚盒飯（鰻重，うなじゅう）在飯上鋪上蒲燒鰻魚片，淋上鹹甘醬汁滲透到飯粒中，撒上山椒粉，融入鰻魚油脂調料，滋味美上加美。

鰻魚是洄遊魚類，分為河鰻、海鰻，蒲

燒鰻；鰻魚飯用的是河鰻，肉多的海鰻則大多用來做壽司或中式紅燒、藥膳燉補菜色。蒲燒鰻的起源，傳說在江戶時代初期，江戶城（今日的東京）前沼澤內有許多鰻魚，經捕獲後給燒烤攤販燒烤，再賣給街道工人們，當時鰻魚身並不切開，由於烤好的形狀就像香蒲的穗，因此稱為「蒲燒」，到了江戶後期才開始把鰻魚切開、剔除骨頭、切段。

關東地區的鰻魚料理方式是朝背剖鰻魚，切開魚身、剔去骨刺，洗淨後，串上竹籤燒烤，再蒸三十分鐘，並再燒烤，最後塗上加入醬油的鰻魚汁，即成蒲燒鰻魚，肉質軟細；關西作法則是朝腹剖鰻魚，洗淨鰻魚後馬上燒烤，然後塗上鰻魚汁，讓鰻魚味道更香。

烤鰻魚是項高難度的廚藝，日本人有所謂的「剖三年，串八年，烤一生」，意思是學剖要花三年，用竹籤串起鰻魚肉片要學八年，烤出好味道則得一輩子才能學得好，除了講究鰻魚本身肉質，廚師的功夫、經驗都至關重要。還有各家店或個人特製、用來烤鰻魚的家傳祕製鰻魚汁，作法通常是取鰻魚骨加清酒熬到顏色變深，再隨個人喜好添加柴魚醬油、醇米酬等，能為食物提香，拌著鰻魚飯、鰻魚肉和皮一起吃，嘴裡油油黏黏、熱熱香香的，已經感到大補精力了。

・秋刀魚：關東、關西秋刀魚吃法大不同。關東採取鹽燒烤法為主流，由於秋刀魚在北海道、東北太平洋側、千葉縣一帶捕獲，所以關東人在鮮魚盛產時節也會吃秋刀魚生魚片，加入柚子醋、生薑、蔥搭配。關西人比較沒有那麼多的機會品嘗到最新鮮的秋刀魚，因而除了鹽燒烤方式，也喜歡剖開秋刀魚切片，用味醂醃漬一夜之後再吃。

火鍋湯汁 一重鹹一清淡

・火鍋：可放進當地食材或適煮火鍋的食材，主要是湯汁上有所不同，關東地區的火鍋料理佐料湯汁，喜愛類似關東煮這種較濃郁辛鹹重味道的湯汁；關西地區則喜愛清淡的淡醋或芝麻佐料等水煮火鍋系列的湯汁，好能享受食材本身的鮮味。

・所天（ところてん）：屬於洋菜的一種，原材料是石花菜等海藻類植物，而從紅藻的細胞壁萃取提煉的稱為「寒天」，因紅藻生長在高緯度寒冷海域。當把海藻類植物煮爛後過濾去水分，固體部分經冷凍乾燥，就是含有豐富植物纖維的ところてん了。關東人會淋上醬油、醋、青海苔、辛子（芥菜子、芥子、芥末）混合著吃；關西人則是把它當剉冰吃，加入黑糖、蜂蜜，就是夏日的最佳甜食冰品。

・蒟蒻絲：蒟蒻的產地90％來自日本關東地區北部的群馬縣，是火鍋、黑輪、壽喜燒裡的要角，關東人喜愛吃「白滝」（意即白色瀑布），就是透過機器所製的白色蒟蒻絲，關西人則喜愛吃添加了羊栖菜、海藻而呈現黑色的蒟蒻絲，因有加料的關係，蒟蒻絲也顯得比關東地區的白滝還要粗些。

・雜煮：關東地區偏好的是醬油煮成的口味，煮鍋裡的食材包括燒烤過的年糕、紅白魚板、白蘿蔔、紅蘿蔔；關西則是白味噌口味的雜煮鍋，鍋裡的年糕當然是圓形的，才能稱為圓滿，而在奈良一帶，偏好加入豆腐和蒟蒻，再放入圓形年糕，挾來蘸黃豆粉吃。

關東雛霰味甜 關西口味多元

・雛霰（雛米果、雛あられ、ひなあられ，唸音為hinaarare）：類似米果、煎餅、爆米香，一般是用砂糖做成像圓形糖果粒，也有的會摻

入米粒形、豆類，顏色有粉紅色、黃色、綠色、白色，依序分別代表春、夏、秋、冬四季，祈願女孩平安長大。雛霰早期是在京都誕生的，做為傳統上三月三日女兒節（人偶節、雛祭り）的零食，深受小孩歡迎，再從京都傳入關東地區。在關東的超商也可看到販售雛霰，通常關東版的雛霰顆粒比關西的大顆，但米粒形的要比圓球粒的數量多，然而關東人會拿它來配酒，令關西人難以接受。

在製作上，關東雛霰採米粒加上砂糖的拌炒方式，所以口感鬆脆、味甜；關西雛霰多經過烘烤或油炸，除了米粒以外，還會把麻糬（年糕、麻糬餅，もち）切成小塊來當做原料，味道多元，在鹽味以外，也會摻雜甜味、辣味、醬油、海苔等綜合風味，口感則比較酥脆。

・**吐司麵包：**關東地區麵包店裡賣的一條吐司麵包，總是切成六片或八片，比較薄；關西地區如大阪府、兵庫縣，同樣是一條吐司，卻只切成四、五片，較厚，就因為這樣，關東、關西連烤麵包機的型款都不一樣，放入吐司片凹槽的高度因地制宜。

・**煎餅：**一般是麵粉加砂糖、雞蛋、鹽製成，在關西地區尤其是神戶生產的銘菓「瓦煎餅」，是煎餅的起源，戰國時代時，在瓦上描紋印，用作褒獎家臣、武士功績的餽贈。關西的煎餅比較像餅乾，是有甜味的，適合搭配茶；關東煎餅的雞蛋用量大約是關西煎餅的兩倍，個頭比較小，味道比較單純、恬淡，顏色淡白。

但除此之外，關東還有醬油煎餅、泡醬油的濕煎餅，超級鹹。濕煎餅（濡れ煎餅，nuresenbei）是千葉縣銚子市的特產，銚子市是米的產地，一直以來就出產很多煎餅，濕煎餅是米菓店「柏屋」創造的產品，作法是將煎餅

左圖：關西的櫻餅稱為「道明寺」，與關東的「長命寺」不同。

右圖：濕煎餅是千葉縣的代表和菓子之一。

麵糰烤熟，在尚未冷卻時就浸泡於醬油中，成品充滿濃厚的醬油味，吃起來濕軟Q彈，現今作為千葉縣的代表和菓子之一。

・櫻餅（桜餅）：日本五月是吃櫻餅的時節，最適合搭配抹茶當成下午茶的甜點，但關東、關西的櫻餅不但形狀有異，味道也各成一格。江戶的向島「長命寺」是櫻餅發源地，一七一七年推出時，深受賞櫻遊客的喜愛，流行至今。

關東的櫻餅是用小麥粉加糯米粉擀揉成餡料，再以平底鍋煎過後，包進鹽漬的綠色櫻花葉裡，餅呈橢圓形，如未染色，就是白色的，夾著紅豆餡而不一定是包裹著，形狀很像台灣的刈包，口感黏而Q；關西地區則加入粉紅色食用色素的糯米粉皮，包著裡面的紅豆沙餡，餅呈圓球狀，外裹綠櫻葉，就如同春日櫻花的感覺，非常美麗。

第四章。

認識日本的季節食材

餐廳菜單隨著季節變換，是日式料理的特色之一。由於農業技術的進步，四季皆可收成的食材漸增，但當季食材仍是最美味及便宜的選擇，依著季節來享用日本料理，更被視為是懂吃的行家。

之一。

春季的當令食材

蔬果類

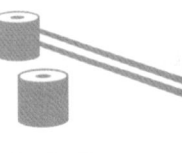

・土當歸（ウド）：季節為三月到五月，市面上比較常見的是人工栽培品種，偶爾也能看到野生種，特色為香味和嚼勁更勝出，維生素含量較低，但充滿水分。適合做成涼拌菜，或者口味較清淡的燉煮菜。

・高麗菜（キャベツ）：三、四月的高麗菜稱為春季高麗菜，菜葉綠且脆，可生食，適合切絲做成清爽的沙拉。

・竹筍（竹の子）：季節為四月到五月，富含維生素B2，常見品種是澀味較少的孟宗竹幼芽。竹筍柔軟的前端部分可用於涼拌或湯品，中央筍肉適合燉煮，或加入白米中一起煮成竹筍飯。

・豌豆（エンドウ、グリーンピース）：季節為三月到六月，富含蛋白質、糖分、維生素B1、B2、C。必須將豆莢內種子取出食用的為青豆，可連豆莢一起食用的為豌豆。簡單的調理法較能發揮豆類纖細的味道，建議汆燙後以薄鹽調味，再佐上生薑食用。如果想長期保存，可汆燙後冷凍。

・韭菜（ニラ）：季節為三月到九月，含有大量胡蘿蔔素之外，也含有蛋白質、維生素B、維生素C，還有鈣和磷、鋅、鐵等礦物質。強烈的味道能夠在開火烹調後減輕，但注意不要加熱過度以免失去脆感，適合炒菜，和蛋的味道很配。

・洋蔥（たまねぎ）：季節為五到六月，

一般常見的赤皮洋蔥是經過乾燥的品種，較易保存，春天則可見新採收的洋蔥，顏色嫩黃。富含礦物質，可助消化，適合燉煮、油炸、快炒，如果想要生食，可切成薄片，水洗之後能降低辣味。

・**馬鈴薯**（ジャガイモ）：雖然全年都有，但以五月到六月新採收的馬鈴薯以及十月到十一月的秋季馬鈴薯最好吃。主要成分為澱粉，卡路里約只有白米的一半，即使加熱仍含有大量維生素C及鉀，能預防高血壓。圓形的「男爵」馬鈴薯質地鬆軟，適合做成馬鈴薯沙拉；橢圓形的「五月皇后」質地細密緊實，可以做成馬鈴薯燉肉或咖哩。

・**蘆筍**（アスパラガス）：季節為五月到七月，富含蛋白質、胡蘿蔔素、維生素B2，也含有可加速新陳代謝、恢復體力、保養肌膚的天門冬胺酸以及豐富的纖維質。蘆筍擁有天然的甜味，適合較簡單的調理方式，可加鹽汆燙或燒烤，或搭配白醬、美乃滋、檸檬等，也可做成沙拉、焗烤、天婦羅等。

・**草莓**（いちご）：季節為三月到五月，在十二月也有收成。維生素C含量豐，五到十粒就可以補足一天所需的微生素C，但常含有較多的農藥，必須仔細清洗。生食之外，也可做成果醬或甜點。

海鮮（魚介）類

・**章魚**（たこ）：季節為四月到八月，世界上約有二百五十種章魚，其中有六十種可在日本近海見到，但能食用的只有五到十種，最有名的食用章魚稱為普通章魚，日本國產者為高級品。新鮮章魚可做為生魚片或壽司，可佐醋做成涼拌菜，也可用醬油、砂糖等調味熬煮後食用。

・**鮪魚（まぐろ）**：最有名也最貴的是黑鮪魚，以日本人最愛吃的魚而聞名，甚至有專門的捕撈節目和分解魚肉的表演，富含蛋白質、維生素、礦物質、EPA、DHA等。脂肪量以大腹最多，價格也最高，依次而下為腹肉、中腹、赤身。可做成生魚片、手卷、壽司、鮪魚丼飯，也可整塊做成鮪魚排或炸魚。

・**柴魚（カツオ）**：即為鰹魚，是一種洄游魚，順著黑潮接近日本，第一次經過日本沿岸時為五到六月，脂肪較少，再次回到日本時為九到十月，脂肪較多。新鮮的柴魚能做成生魚片或丼飯，加一點薑能去腥並引出鮮味。將魚去頭、內臟之後燻熟，再去皮、去骨之後焙乾，即可用來削柴魚片。

・**干貝（帆立貝）**：季節為十二月到次年五月，但以產卵期前的四月到五月最好吃，是北海道及東北地區的代表性食用貝類，主要食用貝柱的部分。養殖時有兩種方式，一是將貝苗放流，使它自然長大；二是裝入籃中，下垂到海裡，並進行管理養育，市場區分前者為天然貝，後者為養殖貝。新鮮的帆立貝可做為生魚片或壽司生食，也適合烤、炒、煎、煮等各種調理法。

・**花枝（イカ）**：主要有三種，北魷的產季為春天到晚秋，長槍烏賊的產季為冬天到初夏，小型的螢火魷產季則為春天。低卡路里，含有良質的蛋白質及脂質、EPA、DHA等，是相當健康的食材。新鮮的花枝可生食，此外也適合煮、炸、蒸等各種調理法。

日本四面環海，海鮮種類多樣、產量大。

之二。

夏季的當令食材

蔬果類

・**秋葵**（オクラ）：季節為六月到九月，富含胡蘿蔔素、維生素C、鈣質、鐵質，其黏液有益腸胃健康，適合汆燙。

・**紫蘇**（しそ）：分為青紫蘇和赤紫蘇，富含胡蘿蔔素及鈣質，清爽的香味可促進食慾。青紫蘇常用於生魚片或涼麵的配料，以及做成天婦羅或燒烤食用；赤紫蘇則主要用於醃漬梅乾或醬菜等。

・**小黃瓜**（きゅうり）：季節為六月到八月，成分九成以上為水分，卡路里非常低，吃起來清脆爽口，是日本非常具代表性的夏季蔬菜，幾乎都是冰鎮之後生食，也可蘸鹽食用或者以醋味醬料涼拌。

・**茄子**（なす）：最佳季節為七月到八月，茄子的皮能抗酸化，有抑制老化、預防動脈硬化、恢復眼睛疲勞的功用，茄子肉營養成分較少，但有大量纖維。夏天的茄子最甜，簡單燒烤之後就很好吃，也可炒或煮。

・**番茄**（トマト）：最佳季節為六月到九月，卡路里很低，含有大量營養成分，可抗酸化、預防癌症及動脈硬化，生食則可攝取大量維生素C，也可煮或烤，或用於醬料和湯品中。

・**南瓜**（かぼちゃ）：季節為五月到九月，富含維生素B1、B2、C。擁有甜味、吃起來鬆軟的是西洋南瓜，不只用於菜肴，也可以做成甜點；富含水分，吃起來較緊實的

左圖：日本產的紅色櫻桃，酸酸甜甜猶如初戀的味道。

右圖：當季生產的蔬菜，質量均佳。

是日本南瓜，可做成口味較淡的燉煮料理或天婦羅等。南瓜體型較大，如果無法一次料理完畢，先剔除種子就可延長保存時間。

・**毛豆（枝豆）**：季節為七月到八月，鈣質、胡蘿蔔素、維生素B1、維生素C豐富。清爽的顏色非常適合夏季，常用於拌飯、炒菜的配料，也可壓碎成泥使用。

・**四季豆（サヤインゲン）**：季節為六月到九月，低卡路里，含有維生素B群及豐富的纖維。可汆燙、涼拌、快炒。保存不易，購買後最好儘早食用。

・**青辣椒（しし唐辛子）**：季節為七月到九月，辣椒的改良種，幾無辣味，富含各種維生素。性質有點像青椒，適燒烤、油炸、快炒，加熱時間過長有損色澤和香氣，務必注意。

・**櫻桃（さくらんぼ）**：季節為夏季，日本本土所產的通常是體型較小的紅色櫻桃，味道酸甜，比起進口櫻桃酸味略強，常被形容為「初戀的味道」。有恢復疲勞及美膚作用，不僅果肉可食，櫻桃葉的汁液對燙傷也有療效。

・**梨子（梨）**：季節為七月到十月，分為日本梨及洋梨，日本品種表皮水潤、果實甘脆多汁；洋梨果肉柔軟、氣味芳香。主要是生食，也可做成甜點。

・**西瓜（すいか）**：季節為夏季，以紅肉和黃肉兩種為主，是日本夏季的代表性水果，能消暑氣。其實西瓜九成以上為水分，有利尿作用，但因性寒，體質偏冷的人不可多食。西瓜的糖分以果糖為主，在低溫時更顯甜味，所以要冰過才會好吃，除了果肉可生食，也很適合做成冰沙等，而西瓜子也能炒過後食用。

・**哈密瓜（メロン）**：種類繁多，依照品種、產地及栽培方法，產季會有所差異，但一般來說，五到九月是收穫期，旺季為六、七月。適合冰鎮之後再食用，生食之外，與洋酒、生火腿、鴨肉、海鮮都很對味。

・**梅子（梅）**：季節為六月，梅子的酸味來自檸檬酸和蘋果酸，能加速新陳代謝、消除疲勞、防止老化、促進食慾，並具有抗菌作用，能防止食物腐敗、整頓腸胃狀態。剛結果的青梅由於種子會產生青酸，應避免生食，可做成梅酒、梅子果汁或梅子果醬，也可用醬油簡單醃漬成醬油梅子；已完全成熟、果皮微帶黃色的果實則適合做成梅乾，可用來消除肉類或魚的腥味，搭配煮物、烤物之外，與白飯一起食用也是常見的吃法。

・**水蜜桃（桃）**：季節為夏到秋季，可大略以果肉顏色分為白桃及黃桃兩種，前者生食，後者則多用於做罐頭。主要成分為糖，果汁中帶有蘋果酸等，在夏季可促進食慾、消除疲勞。除了生食之外，也大量用於甜點、果汁、水果酒之中。桃子的果核即為桃仁，能淨化血液，可做藥用。

海鮮（魚介）類

・**梭子魚（カマス）**：季節為六月到八月，白肉、少腥味、脂肪豐，最適以鹽燒烤，也可切下魚肉油炸，或打成魚漿做成魚板，或製成一夜干，脫去多餘水分讓肉質更顯緊實鮮美。

・**沙鮻（キス）**：季節為六月到八月，脂肪較少，味道清淡，可做成生魚片、壽司、鹽烤、天婦羅或佐醋食用，也可打成魚漿後做成魚板。

・**香魚（あゆ）**：季節為六月到八月，含有豐富的維生素A、鈣、磷、脂肪。香魚的醍醐味就在於內臟的香氣及苦味，購買時要注意選沒有去除內臟的新鮮香魚，整尾抹鹽燒烤，佐以蓼葉浸泡的醋，是最正宗的吃法。另外也可做成壽司或甘露煮等。單取內臟，以鹽醃漬成的食品稱為「潤香」，是高級下酒菜。

・**雞仔魚（イサキ）**：季節為夏季，特別是六月到七月之際最好吃，是充滿海潮香氣的魚，整尾愈大者愈好吃，味道清淡，常見為油炸、鹽烤、煮魚等。新鮮的魚特別適合做成生魚片，被認為美味程度可與鯛魚媲美。

・**飛魚（飛び魚）**：季節為七月到十月，因為內臟很小，較不易腐敗。味道清淡，水分較多，不適合做成生魚片，但適合鹽烤、照燒或以醬油燉煮等，也可打成魚漿，做成竹輪等。

・**白帶魚（太刀魚）**：初夏到秋季會累積脂肪，是最美味的時節。魚身為銀白色，像日本刀一樣平而長，是「太刀魚」名稱的由來。白肉魚，魚肉柔軟，味道清淡，適合絕大部分的調理法，較常見的是照燒、炸或煮魚。

・**鮑魚（アワビ）**：日本重要的食用貝類，從古時就有上貢乾燥鮑魚的紀錄，現在仍用於祭神，屬於高級食材。生鮮鮑魚非常有嚼勁，可做生魚片或壽司，另外也可酒蒸、燒烤、以奶油煎食等，乾燥鮑魚因為以鹽醃漬過，較適合煮或炒，也可煮湯。

鮑魚屬高檔食材，滋味鮮美。

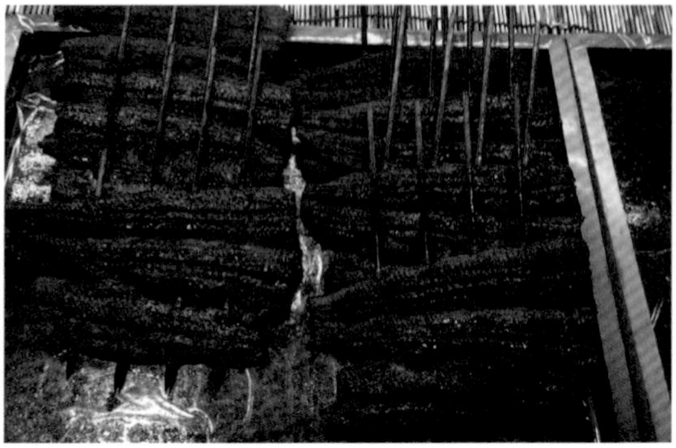

左圖：蒲燒鰻魚，美味又營養。

右圖：各種鮮魚，是日本人的最愛。

・鰻魚（うなぎ）：季節為七月到九月，富含維生素及ＤＨＡ、ＥＰＡ等。最有名的作法為蒲燒，非常適合與飯一起食用。

・沙丁魚（イワシ）：幾乎全年都有漁獲，但八月到十月是最美味的季節，日本在節分（立春的前一日）時有烤沙丁魚的習俗，所以在二月上旬經常可以看到店頭陳列。因其極容易捕獲，比起鯛魚等稀少貴重的魚，自古就是日本庶民重要的蛋白質來源，現今常被用於罐頭。沙丁魚的脂肪能抑制血液凝固，在預防心血管疾病上很有功效。

之三。

秋季的當令食材

蔬果類

・**番薯（さつまいも）**：季節為九月到十一月，若保存得當，次年一月到三月時水分含量降低了的番薯也很好吃。富含纖維及鈣質，即使加熱也不會失去含有的維生素C，雖然被認為含高卡路里，但其實與白米差不多，營養價值卻更高，也能輕易增加飽足感，是很恰當的減肥食品。適合燉煮或油炸做成天婦羅，因為富含甜味，也可做成甜點。

・**松茸（マツタケ）**：季節為九月到十一月，生長於松樹根部，無法人工栽培，所以價格相當高，被稱為秋季的王者食材。低卡路里，富含維生素B1、B2、菸鹼酸。香味獨特，通常取少量用於湯或者蒸煮物的提味，也可與白米一起煮，或放置於鐵網燒烤。

・**芋頭（里芋）**：季節為十月到次年一月，主要的成分為澱粉，含有少量蛋白質。口感柔軟而帶黏性，可煮或油炸食用。

・**蘋果（りんご）**：季節為十月到十二月，溫帶水果，富含果膠，對腸胃很好。暴露在空氣中會迅速變成褐色，建議切開後先浸泡鹽水。做為水果食用之外，做成甜點或烤蘋果、砂糖熬蘋果也非常好吃，將蘋果泥加入咖哩中則可以增加咖哩的甜度。

・**柿子（柿）**：季節為十月到十一月，

又分為甜柿和澀柿，澀柿必須要先以酒精或二氧化碳除去澀味。秋季常可見到傳統的日本家庭屋簷下吊著一串串乾柿子，生食或曬乾成柿餅之外，也可切絲，與蘿蔔絲、日式甜醬油或壽司醋一起涼拌，稱為「柿膾」。

・無花果（いちじく）：季節為八月到十月，汁液中含有強力的蛋白質分解酵素，適合在吃肉之後食用。在日本，無花果較少做為乾果，通常都是生食，此外也會用砂糖熬煮成果醬食用。

・葡萄（ブドウ）：種類繁多，夏天到秋天皆有，旺季為九月，有小粒的無籽葡萄，例如甲州葡萄；有顆粒較大、顏色較深的，例如巨峰葡萄；綠色的葡萄則多為歐洲品種。由於糖分高，屬於卡路里較高的水果，生食之外，可做成果汁或果醬。

・栗子（栗）：季節為九月到十月，從東北到九州南端均有種植，京都府丹波地區出產的栗子果實碩大，是被稱為「丹波栗」的高級品，含有鉀、磷等礦物質。生栗子剝殼後，可與米一起煮成栗子飯，也可做成羊羹，而以砂糖熬煮過後，加上番薯做成的料理「金團」，是日本正月年菜中不可缺少的一員。

海鮮（魚介）類

・鯖魚（サバ）：季節為九月到十一月，富含蛋白質、鐵質、維生素B1、B2，脂肪中含有EPA及DHA等，對人體十分有益。適合做成生魚片或鹽烤，常見的吃法是切下魚肉之後抹鹽，再浸入醋中，稱為「締鯖」，再以此做成生魚片或壽司，另外也常可見以味噌熬煮的吃法。

・秋刀魚（サンマ）：季節為九月到十一月，日本的秋天以食材豐盛聞名，而秋刀魚正是其中最具代表性的食材。富含蛋白質、維生素B2、D，脂肪中含有對智力發展相當有益的DHA。秋季時沿日本北方三陸（宮城、岩手、青森）沿岸南下的秋刀魚富含脂肪，非常好吃；而活動於南方的秋刀魚則脂肪較少，味道比較清爽。最常見的調理方式為生魚片或鹽烤，除此之外，蒲燒也很美味。

・鮭魚（鮭）：季節為九月到十一月，在河川出生，在海中長大，又回到河川產卵，夏季在日本東北河川捕獲的年輕鮭魚稱為「不知時」，相當貴重，秋季回歸於河川的鮭魚則稱為「秋鮭」，一般被做成煎、烤魚排。

日本秋季必嘗秋刀魚之味。

之四。

冬季的當令食材

蔬果類

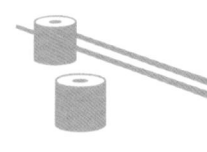

・**菠菜**（ほうれんそう）：盛產季為十二月到次年二月，堪稱黃綠色蔬菜的代表，富有維生素C及鐵質，但因為富含草酸，建議汆燙過後再加以調理，且不宜和豆腐類同吃，以防草酸凝結，造成身體結石。適合的調理法為涼拌、火鍋、清炒。

・**白蘿蔔**（**大根**）：盛產季為十二月到次年二月，種類繁多，富含維生素C及酵素。冬季最甜，適合做為煮物，葉子則可做為味噌湯、炒飯的配料。

・**胡蘿蔔**（にんじん）：季節為十月到十二月，富含胡蘿蔔素、茄紅素及維生素A，由於微生素A是脂溶性維生素，適合用油的調理法，可做成天婦羅或炒物等。

・**蓮藕**（れんこん）：十一月到次年二月盛產，富含維生素C及澱粉，由於蓮藕中間的孔洞可一眼看透，有「能夠預見未來」的寓意，因此是日本正月不可少的年菜食材。

・**山藥**（**山芋**）：盛產季為十一月到次年一月，富含澱粉酵素，能夠幫助消化。帶有黏性的成分則是黏蛋白，能滋潤、保護黏膜，並加速蛋白質的消化吸收。山藥可以生食，磨成泥可讓澱粉酵素更具活性，將生山藥泥淋在飯上食用是相當常見且營養的吃法。

・**日本油菜**（**小松菜**）：季節為十二月到次年三月，富含紅蘿蔔素、維生素C及鐵質，所含的鈣質是菠菜的五倍。是日本相當常見且

小松菜（日本油菜）為日本家庭及料理店都常使用的蔬菜。

便宜的蔬菜，由於澀味較輕，可以不經汆燙就加以調理，清炒或做為煮魚的配菜都很適合。

・**百合鱗莖（ユリ根）**：季節為十一月到次年二月，從江戶時代中期就開始栽培百合，百合的鱗莖有淡淡的甜味和苦味，成分以糖分和蛋白質為主，有滋養強化身體的效果。適合做為燉煮菜的配菜，最常見的吃法是放於茶碗蒸中。

・**大白菜（白菜）**：季節為十一月到次年二月，富含維生素C及鈣質，綠葉的部分則含有胡蘿蔔素，是冬季代表性蔬菜，最適合用於火鍋料理及做成醬菜。

・**冬季高麗菜（キャベツ）**：十二月到次年二月的高麗菜稱為冬季高麗菜，菜葉的顏色偏白且具有厚度，適合燉煮。含有豐富的維生素C、胡蘿蔔素以及能促進腸胃蠕動的維生素U。

・**日本蕪菁（ミズナ、京菜）**：季節為十月到次年三月，日本稱為「水菜」，一開始栽種於京都，慢慢才擴散到全國，也稱為「京菜」。富含維生素C、鈣質、鐵質，味道較淡，也沒有澀味，外型像是蔬菜葉，和長得像圓白蘿蔔的蕪菁不同，所以適合做成沙拉，因為能消除魚、肉的腥味，也可用於火鍋和燉煮。

・**蕪菁（カブ）**：季節為十一月到次年三月，根部極營養，莖葉也富含維生素C及胡蘿蔔素，整株都可食用。根部可燉煮或做成醬菜，由於柔軟而無澀味，也可稍炒過之後做成沙拉，莖葉可做為湯料或以醬油炒過食用。

・**茼蒿（春菊）**：季節為十一月到次年三月，富含胡蘿蔔素、維生素B2、C、鈣質、鐵質等。莖的部分難以加熱，選購時應選擇莖較細者。擁有獨特的香味，是火鍋料理不可欠缺的食材。

・**白花椰菜（カリフラワー）**：季節為十月到次年二月，主要是食用未成熟的花蕾部分，白色最常見，也有紫色或橘色的品種。富含維生素C，只要食用一百克就能滿足一日的需求量，除此之外也含有維生素B1、B2、鈣質、鐵質等。可生食，適合汆燙後做成沙拉、湯品、炒菜。

・**牛蒡（ごぼう）**：一年有兩次產季，分別為四月到五月以及十一月到次年二月，富含纖維，口感獨特，可食部分的碳水化合物中多數為菊糖，對腎臟健康有益。以牛蒡為主的菜肴最有名的是「金平」，是將牛蒡、蓮蓬、胡蘿蔔等切絲，以砂糖、醬油炒成。牛蒡與油的配合度很高，也適合炸或煮。

・**橘子（みかん）**：種類多、價平實，是日本冬天具代表性的水果，明治時代無籽的溫州橘子廣為栽培，成為主流。果實可食用外，果皮可藥用或做成香料，果汁可釀蜜柑酒。

海鮮（魚介）類

・**黃尾魚（ブリ）**：季節為十二月到次年一月，是一種會隨成長而改變名稱的魚，一般大小在十五公分以下稱為藻雜魚、若眾、魚追魚，十五到四十公分稱為魬魚、四十公分左右稱為稻田、目白，六十公分左右稱為稚鰤，超過六十公分的才稱為鰤魚，即黃尾魚。黃尾魚的美味來自脂肪，魚身結實有彈性，適合做成生魚片或壽司，也可以鹽燒烤或照燒調理。

・鱈魚（タラ）：季節為冬季。富含蛋白質、維生素A、E、D，脂肪較少所以卡路里較低。本身味道偏淡，煎煮炒炸或做成火鍋都很適合，和番茄特別對味，也可做成西式燉菜。另外，公鱈魚的精巢是被稱為「白子」的高級品，黃線狹鱈的卵巢則是被稱為「鱈魚子」的常見食材。

・鯛魚（タイ）：較有名的是產季為十一月到次年二月的甘鯛，以及產季為十二月的真鯛。甘鯛魚肉白而柔軟，容易腐敗，不適合做成生魚片，最佳吃法是將魚肉切片後以醬油、酒、味醂醃漬一個晚上，或以西京味噌醃漬，再燒烤食用。真鯛在日本自古就有「魚之王」的美譽，是過年時不可缺少的高級食材，日本諺語所謂「腐敗了也還是鯛魚」（意指即使有瑕疵，本質優秀的事物仍有其價值），就算不夠新鮮，真鯛的味道也比較不會差到哪裡去。適合做成生魚片、鹽烤、炸魚等等，魚頭、魚骨可燉煮成湯。

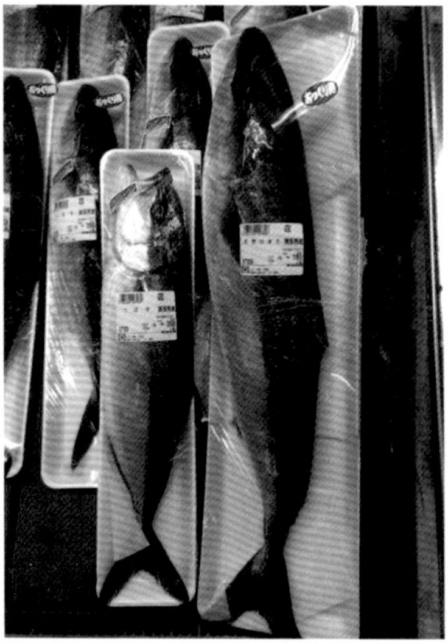
不同大小的黃尾魚有不同的名稱，價格差異也大。

・**土魠魚（サワラ）**：季節為十二月到次年二月，富含品質良好的蛋白質和脂質以及EPA、DHA等，是味道偏淡的白肉魚，因為是體長超過一公尺的大型魚，購買時通常是買到切好的魚塊，鮮度高的可做成生魚片，也適合照燒、鹽烤、煮或蒸。

・**蝦子（えび）**：種類繁多，大致可分為兩類，一是善於游泳的日本對蝦（或稱花蝦），季節為十月到次年一月，二是身體呈圓筒狀，以步行為主的日本龍蝦。日本人喜歡吃蝦是世界知名的，除了本地漁撈及養殖之外，也大量進口蝦子。花蝦類適合大部分調理法，如天婦羅、炒蝦等。日本龍蝦則是有名的高級食材，從江戶時代就有各種調理法的文字記載，由於姿態雄壯、顏色美麗，也常被用於新年宴會料理中。新鮮的日本龍蝦可做成生魚片，還有碗中可看到整個龍蝦頭的日本龍蝦湯（伊勢海老汁），也可炸、煎或用於火鍋。另外日本也有甜蝦，生食味甜，一般只用在生魚片及壽司。

・**西太公魚（ワカサギ）**：季節為十一月到次年三月，體型細長，類似香魚、大銀魚，全尾可食，是補充鈣質的良好來源。但腥味較強，不適合生食，可用鹽水洗滌後，做成天婦羅、佃煮，或以醬油、味醂等調味後燒烤。

・**蛤蜊（ハマグリ）**：季節為十二月到次年三月，味甜，適合做湯或酒壺蒸。因為蛤蜊的貝殼是成對的，寓意良好，所以常常出現在婚禮的宴席上。

・**花蛤（あさり）**：季節為十二月到次年三月，富含維生素B2、鈣、鐵，蛋白質含量約為魚的一半，脂肪低。帶殼的適合煮湯、清炒，單獨的蛤肉則可與飯或其他食材一起煮。

・**螃蟹（かに）**：產季為冬季，種類繁多，通常分為全身有羽狀毛的「毛蟹」；殼中

炸牡蠣是每到冬季必吃的美味。

肉少、主要食用部分為蟹腳的「鱈場蟹」；以及以松葉蟹、越前蟹等聞名的高級品「津和井蟹」。富含蛋白質，脂肪含量很少，適合鹽煮、燒烤、火鍋等。

・**牡蠣（カキ）**：季節為十一月到次年二月，日本沿岸生態系中約有二十二種牡蠣，但出現在市場的幾乎都是養殖牡蠣。有「海中牛奶」的美譽，營養價值很高，含有大量有機銅，可預防貧血。新鮮牡蠣可佐以醋或檸檬汁生食，炸牡蠣也是常見的吃法，還可以做成火鍋或湯。

・**海苔（のり）**：產季依產地而異，一般收穫於十二月下旬到次年四月，營養豐富。乾燥海苔是日式風味的重要元素，常做為白飯的搭配如飯糰、手卷、壽司等，也常用來搭配沙拉、炒麵、湯品，甚至和風義大利麵，也會添加於煎甜蛋卷捲等熟食中以增加風味。

第五章。

細品日本風味料理

到什麼樣的場所、品賞什麼樣的食物，才算是吃道地的日本料理呢？居酒屋、鐵板燒、懷石料理、櫻花盛宴、溫泉美食的背後都有著獨特的歷史文化、地方風俗人文背景，值得一嘗。

之一。

居酒屋

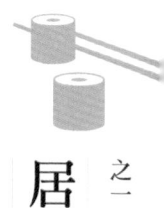

居酒屋（いざかや）是日本飲食業當中非常具有代表性的種類，「屋」是指賣東西的店鋪，「酒屋」就是賣酒的店面，居酒屋最早是賣酒的店家額外提供客人可以坐下來喝酒的服務，「居」是存在於某地的意思，這種在賣酒的地方喝酒的行為就被稱為「居酒」，可以讓人居酒的店鋪就是「居酒屋」了。而單純只是喝酒畢竟有點枯燥，慢慢地就開始有店家提供下酒菜，也就逐漸演變成今日能喝酒、吃飯的居酒屋。

居酒屋並不是日本獨有的文化，簡單來說，居酒屋就是酒吧、酒館，不過在日本，居酒屋販賣的酒類通常以日本酒為主，食物也以日本料理為主，如果是以中式料理和高粱、杏露酒等為主，應該會註明「中華居酒屋」，如果是以西式料理和啤酒、紅白酒等為主，則會稱做啤酒屋或是酒吧。

點飲料算基本消費

居酒屋的客層非常廣泛，比起單純吃飯，更多的是三五好友喝酒聊天，也接受大型宴會訂單，但通常必須要事先預約。居酒屋有一些不成文的規定，然而喜愛到日式居酒屋的外國人卻並不曉得或常會忽略。首先，雖然現今居酒屋已經發展得像連鎖餐廳一樣，但畢竟不是純粹吃飯的地方，當客人坐定後，服務生常會站在旁邊等候，外國人就會搞不清楚，他到底在等什麼呢？其實服務生是在等客人點飲料。

日本人的習慣是坐下後會先看酒單，並一人點一杯飲料，但不少台灣人會覺得吃飯就是吃飯，為什麼得先喝酒不可？所以會忽略這個問題，造成尷尬場面。

居酒屋當然沒有明文規定客人非點酒不可，如果言明不點飲料，服務生自然也不會強迫，但心裡可能難免會嘀咕客人不上道，居酒屋畢竟是喝酒吃飯的地方，一人一杯飲料有點像是店家認知的最低消費，如果不能喝酒，也可以點無酒精飲料，但最好不要不點飲料還大喇喇地說：「給我一杯水，要冰的。」尤其是跟日本朋友一起去居酒屋吃飯，拒絕點飲料可能會讓同桌的日本人覺得不自在、有點丟臉，所以還是注意一下居酒屋的文化比較好。

第一杯飲料該點什麼，並沒有特別規矩，但如果一開始就點清酒等酒精濃度高的酒，可能會被同桌的人誤以為酒量很好，接下來就極可能被敬酒灌酒，建議最好還是由酒精濃度較低的酒開始。日本人習慣以生啤酒開場，尤其聚餐人數較多時，常會直接問：「誰要啤酒？誰要烏龍茶？」變成酒精飲料與無酒精飲料的二分法，不過這種點餐法純粹是因為方便，沒有一定要強迫喝啤酒的意思，不喜歡啤酒的人可以順著自己喜好，從酒單上點選東西，可千萬別一直搖手搖頭、什麼都不點。

餐前下酒菜要收費

還有一個常常被誤解的文化就是餐前下酒菜（お通し、突き出し），在客人點餐之前，店家就會先上一小碗碟的前菜，通常是毛豆、涼拌菜或者是煮魚等等，台灣客人往往覺得很疑惑：「我沒有點這個啊？難道是招待？」但在結帳時卻又發現，那一小碗東西不但要收錢，而且還不便宜。外國人如果事先沒弄清楚，日語說得不錯的人可能當場就會跟店員大聲爭執起來，弄得場面很難看，要是當場仍然沒能溝通清楚，回家後肯定耿耿於懷，覺得自己受到欺負。

其實這種前菜文化也是居酒屋的不成文規定之一，不只居酒屋，高級的懷石料理、料亭等也幾乎都會上這個前菜，如前文所說，日本人的習慣是坐下之後先點酒，但是喝酒不能沒有東西搭配，剛點的料理又無法立刻上桌，餐前下酒菜就是用來填補這段空缺的，原本的立意是好的，只是台灣消費者不太能同意為什麼小小一碗毛豆要收到相當一盤菜的價格，其

上圖：居酒屋的各種常見小菜如：毛豆、炸軟骨、煮茄子等。

下圖：與第一杯飲料一起上桌的餐前下酒菜。

實這就是居酒屋的最低消費，是一種象徵，除此之外，並不會再收服務費等額外費用；相對地，如果居酒屋還要收額外的服務費或是座位費的話，就不會上餐前下酒菜了。

即使如此，明明沒點卻還上桌，又要收錢，還不便宜，更別提有時候上桌的剛好是自己不能吃的東西，但又不能退貨，對此很多客人還是滿腹怨氣。有很多居酒屋乾脆寫明在菜單上：「本店會提供餐前下酒菜，請您見諒。」若是上來的東西自己不能吃，也只能認命，就當是繳座位費。近年來也有一些居酒屋開始改變這個作法，能讓客人選擇要不要接受下酒菜，但只要店家沒有標示「您能夠拒絕下酒菜」，最好要有心理準備：一點完酒就看到一小碗毛豆，這可不是店家刻意欺負外國人，對本國人也是同樣的待遇。

啤酒搭配餐前下酒菜可開胃，緩和空腹狀態。

別在櫃台搶付帳

再來就是吃飯時間，由於居酒屋就是讓人喝酒、吃飯、聊天的地方，通常並不會限制客人不可久坐，但如果位於比較熱鬧的區域，又是假日晚上，就有可能只提供一組客人兩小時的時限，時間一到，即使想點其他東西，店家也會來趕人，當然如果客人非要回到店門口去排隊重來一次，店家也不會說什麼，不過這樣餐前下酒菜等「不成文規定」又要重來一次，總體而言是客人吃虧。

另外，日本吸菸人口眾多，如果不能接受菸味，在尋找店家時，一定要事先查詢有沒有禁菸或設有「禁菸區」，也可以尋找採包廂制的居酒屋，不然很多店家即使有吸菸區和非吸菸區，也可能根本緊臨隔壁，無法有效達到隔絕菸味的效果。

最後是結帳時要留意，大部分居酒屋會在客人要求結帳後，將帳單拿到座位給客人，再由客人去櫃台結帳，不過不同店家有不同的規定，可以在看到帳單時直接詢問。在這裡應該注意的是，千萬不要到了櫃台前才在那裡搶帳單，或者計算誰要付多少錢，而應事先在座位上就算好，並由其中一個人彙整鈔票去付帳，找完零之後，出了店面再分零錢，或者要是座位還空著、店裡人潮少，再回到座位去分也可以，千萬不要在櫃台前拉拉扯扯，不但非常難看，也會造成店家和其他客人的困擾。

現今的居酒屋已經演變得像是連鎖餐廳，感覺沒有早期那麼「日本味」，不過好處就是便宜，即使外國人也能到這種比較簡單方便的地方點餐吃飯。如果想要追求傳統，可以在巷弄裡尋找小間店鋪，目前仍有很多門上掛著門簾和紅燈籠，店內只有一排櫃台前座位的小居酒屋，菜單只是一張紙，甚至沒有菜單，雖然會讓人揣測價位到底如何，耽心會不會點錯東西，難免惴惴不安，不過偶爾也可以試著尋找這種小店，說不定還能跟老闆聊起這家店和日本料理的歷史，充分享受一下充滿舊江戶風情的居酒屋文化。

之二。

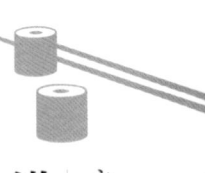

鐵板燒、御好燒、文字燒、廣島燒

其實，鐵板燒（てっぱんやき）起源於十五世紀中期開拓海上霸權的西班牙人，由於經常航海在外，船上的人們就把撈獲的海鮮就地放在燒熱的鐵板上燙熟後食用，既方便又隨興，之後廣為歐美大陸各國取法，二十世紀初，一位日裔美國人把這種烹調法從美國引進日本，一九四五年，在神戶的廚師藤岡重次首次推出，後續不停地加以改良，大受歡迎。

鐵板燒 源自西班牙

日本餐廳打造大塊面積的鐵板料理檯，底下有熱源可燒熱檯面，廚師在和食客交談的同時，一道道地用手上的不鏽鋼板刀把海鮮蔬肉等菜色或拌炒、或熱煎、或加蓋蒸熟，喜愛坐在吧檯、卡布里檯前和廚師聊天的顧客，分外覺得在開放式廚房見識到美食製作的過程，有加值的滿足感，因此，鐵板燒就大行其道了，連西班牙人也沒料到他們在海上全盛時期的鐵板烹調法，竟然在日本被發揚光大。

適合透過鐵板燒方式來表現至上鮮美滋味的食材有和牛、龍蝦、蟹、鮑魚、干貝、大蝦、雞肉、魚肉、高級菇蕈、豆腐等，為讓顧客吃飽，有些也提供炒飯或炒麵。日本人非常喜愛在鐵板燒餐廳享用上乘品質的海鮮和牛肉，但消費比起一般餐廳昂貴。

御好燒 關東關西不同名

御好燒（おこのみやき），發源於關東

左圖：蓬鬆厚實的大阪燒。
右圖：嚼勁十足的廣島燒。

的稱為文字燒（もんじゃやき），在關西的則是類似但並非同款食物的大阪燒（或稱什錦燒），在廣島的稱為廣島燒，比大阪燒多了炒麵，技術難度也較高，御好燒也可算是源自鐵板燒的一項美食，類似台灣的蚵仔煎。

以大阪燒為例，作法是把小麥麵粉加水或昆布高湯調合成粉漿，倒到鐵板上，將切碎的高麗菜加上雞蛋、山藥泥（山芋）、蝦皮、炸麵花（てんかす，用天婦羅麵糊炸成的碎麵花）攪拌成糰料，混合到鐵板上煎熱，鋪上薄豬肉片，煎熟後撒調味料、柴魚片、海苔片，再分切而食，享用鬆軟的口感。

位於四國地區以北的廣島也有御好燒，稱為廣島御好燒、廣島燒，常被拿來和大阪燒相提並論，它著重於重口味的醬油味，比大阪燒的作法繁複，主材料是高麗菜絲、豆芽菜、豬肉片、炸麵花、墨魚片、蔥花以及麵粉、雞蛋加水的粉漿，調味料有鹽、胡椒粉、清酒，煎熟即要翻面，壓到炒麵上，上頭鋪一個煎得半熟的雞蛋，再撒青海苔、柴魚絲，也可加蔥花並淋上美乃滋。

雖說廣島燒與大阪燒同樣是御好燒體系，但作法和吃起來的感覺完全不同，大阪燒的重點是口感鬆軟，廣島燒則在於高麗菜的香甜；大阪燒的所有食材都混在一起，吃起來十分均衡，而廣島燒則層次分明，最下層是硬脆的麵餅，第二層是柔軟的高麗菜，第三層是嚼勁十足的炒麵，最上層則是荷包蛋和醬料，食用時用鐵鏟從中間用力切開，往旁邊一撥，正如日本美食節目最愛表演的「斷面秀」！

因為有炒麵，廣島燒吃起來份量十足，但價格比起大阪燒通常稍貴。廣島燒的製作過程艱難，例如必須將高聳的高麗菜塔翻面壓平，一般日本人也同樣束手無策，必須仰賴專業師傅。吃廣島燒時最好坐在吧檯位置，食物的香氣、灼熱鐵板發出的滋滋聲，以及鐵板燒師傅揮舞鐵鏟的俐落動作，組成新奇的五官饗宴，一起被壓進扎實的廣島燒裡。

廣島燒同屬於御好燒，當然也有讓客人選擇自己所喜歡材料的傳統，除了一定會附上基本的高麗菜和麵條，還可添加任何菜單上有的料。最推薦的當然是廣島蔥，雖然蔥不是廣島燒的必備項目，卻因為是廣島的特產之一，常常給人「廣島燒就是要加蔥」的印象，甚至遠在關東的廣島燒店，也會特地從廣島進口蔥來使用。另外廣島也盛產牡蠣，如果正好碰到牡蠣的季節，奢侈一下加入牡蠣也是不錯的選擇。

相較之下，東京的文字燒簡單得多，製作過程是將蔬菜、肉等食材在鐵板上炒過，平鋪成甜甜圈狀，再把用高湯稀釋的麵糊分兩、三次徐徐地倒到炒料中間，就像圓心一般，待燒滾就混合攪拌所有材料，煎到底部形成鍋巴，就可撒上青海苔食用，因而它的份量也比較少，一般大約可吃得半飽，所以被日本人打趣說是「小朋友的食物」，如要吃飽則可再點其他食物。

文字燒 要用鐵鏟吃

文字燒（もんじゃやき）跟大阪燒作法不同，但差異最大的是吃法，大阪燒可以在店家做好之後擺至盤上端出來，客人用筷子吃，但是文字燒一定要放在鐵板上，用小鐵鏟去鏟著吃，所以大阪燒店不一定能賣文字燒，文字燒店卻一定可以賣大阪燒。

文字燒最好吃的就是將焦未焦而煎成金黃色薄脆的地方，當然可能會有人覺得那正是燒焦了而不認同，這就像有些人喜歡鍋巴、有些人不喜歡一樣，純粹是喜好問題，但面對文字燒如果不吃焦脆的地方，就沒有什麼太大的特色，只是麵糊而已，就像鍋巴如果不焦脆，也就只是飯而已，沒什麼特別的。

做文字燒時，注意要盡量把麵糊在鐵板上攤平，否則水分蒸發不乾，當然就不會產生焦脆的部分，那就會像在吃一攤濕濕的麵糊，非常可怕。

文字燒需要用專用鐵鏟食用，吃法很有特色。

1

2

焦脆的文字燒會黏在鐵板上，這正是為什麼必須使用小鐵鏟的原因，因為光用筷子是摳不起來的，文字燒店裡最有趣的景象是所有客人都很認真地刮鐵板，恨不得把鐵板刮得愈乾淨愈好，畢竟就是黏在鐵板上的那部分最好吃嘛！吃文字燒時，最好從邊緣較薄、已焦黃的地方開始吃，等吃到中間時，比較厚的部分水分也應該蒸散得差不多了。

由於製作文字燒有難度，並不建議不熟悉文字燒的消費者到必須讓消費者自己動手做的店家去品嘗，這樣可能會以雀躍的心情開始、以敗興的心情離開。初次品嘗的人最好先請店家幫忙做過一次，確認自己真的會做了才自己動手，畢竟如果手藝不佳，吃了一餐濕濕的麵糊，對這道特殊的東京美食留下陰影，那麼，文字燒可就要叫屈了。

至於文字燒名稱的由來，主要是日本在二

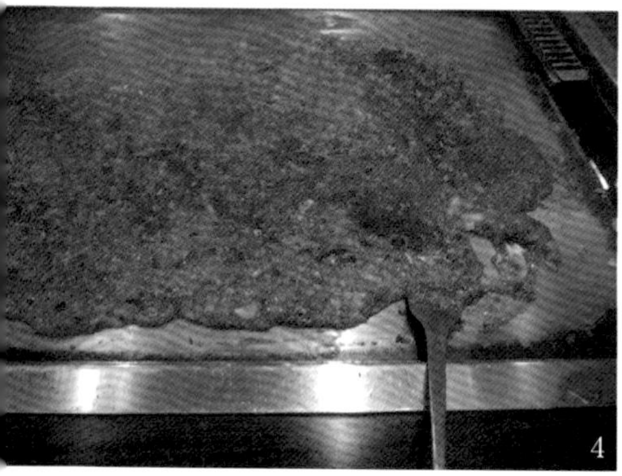

文字燒的製作步驟複雜，第一次最好請店家幫忙。

次世界大戰後，物資缺乏，東京的家庭主婦摻和麵粉和水、蔬菜剩料在鐵板上炒，等湯汁濃縮而料底結成鍋巴，就可以給正在做功課的孩子吃了，在煎餅的同時，主婦也免不了用鍋鏟比劃，教孩子複習功課，好像在空中寫字，而且有時孩子也會接過鏟子就著麵糊寫字讓母親知道是哪個字不懂，後來就稱為「文字燒」。

東京最有名的文字燒朝聖地是銀座附近的月島，月島是一塊由沙洲所填出的地區，「西仲通り商店街」就挨擠著一家又一家的文字燒店，甚至還很團結地組成「月島もんじゃ振興會」，推廣文字燒。

走進鐵板燒、御好燒餐廳，不妨大方地和廚師稍微聊聊，或欣賞他舞鏟弄刀宛如表演特技的身手，別忘了給予稱讚。

之三。

懷石料理

懷石料理（かいせきりょうり）並不是會席料理，雖然發音都一樣是Kaiseki，但本質上有別，會席料理原本是用來享受酒時所準備的菜肴，而懷石料理卻是用來享受茶時的菜肴，菜單相似，然而懷石料理講究的禮法多，對於餐具連同周邊環境氣氛都講究，因此給人印象是比較高貴的。

懷石料理 起源草庵禪修美學

為何「會席」、「懷石」的日語發音一樣，是因為「會席」一詞原本意思就是茶湯之會、饗宴之席。茶道飲茶法鼻祖村田珠光主張日本特有的「侘」（寂茶）美學概念，深深影響了再傳弟子武野紹鷗，融會「茶禪一味」，中興茶道，兩人都是茶僧，因而茶道書乃云「茶湯出於禪宗」，傳到弟子千利休（一五二二至一五九一年）集大成，完全彰顯了草庵禪修的生活美學，蔚為主流。

千利休過世後的百年，有茶人在流派之爭中，就以與「會席」同樣發音的懷石來反諷主流茶道的流於奢華，茶人立花實山編撰的《南方續錄》首次記載：「懷石，同於禪林云藥石，溫石於懷中。」意思是禪修者把烤過的溫熱石頭揺在懷中，暫時耐飢禦寒，從這些用意，可了解希望藉由「懷石」來導正「會席」回到寂茶、茶湯之會的苦心。

因為當時十七世紀末的江戶時代背景是經濟極繁榮，幕府財政卻急轉直下，奢侈的茶湯

上圖：懷石料理店家通常都很幽靜，充滿傳統日式風味。

下圖：兩端細的筷子稱為利休筷，是懷石料理專用的筷子。

上圖：先付，番茄豆腐搭配蘆筍及水前寺海苔，極富季節感。

下圖：向付，季節生魚片，裝飾的花朵都是可食的。

會、饗宴席竟在主食之前還有酒、生魚片甚至沙拉、開胃菜、冷盤等，就是會席料理，菜肴豐富堆滿桌，茶湯意義反被淡化了。

會席料理發源於十七世紀江戶時代武士宴客時所擺的酒席，當時社會已承平近三百年，身為政權核心的武士偃武習文，聚會時暢談的內容也演變為賦古吟詩，茶道也變為飲酒。於是，以十七世紀為分界，在此之前，會席指的是茶湯會，之後則轉變為以酒搭菜的會席料理，與它抗衡的茶湯會稱為懷石，與禪宗的修行典故有關、以茶禪為宗旨的懷石料理，先發展出三菜一湯（刺身、煮物、燒物和熱水湯物如味噌湯等）的簡單料理，以黑色或紅色的折敷（方形膳盤）盛裝，記取懷石原意，菜肴量以少為準，然而隨著時代進步、經濟繁盛才轉化為更雅緻、講究、豐盛並且以茶為主的待客饗宴，這就是我們目前看到、吃到的懷石料理。

為紀念懷石起源地，並與同樣發音的會席料理有所區隔，所以常稱作「京懷石料理」、「京都的宴客料理」，標榜京料理而非懷石料理的餐廳，通常價格還要再貴些。

品嘗懷石料理 如同藝術盛宴

品嘗精緻懷石料理就像欣賞藝術品，餐具擺放、上菜順序、環境布置的大處小節全都很講究，主要以陶器、瓷器、漆器來盛裝食物，演變至今已不局限於茶道場合，而如果強調品茶的則稱為茶懷石；至於會席料理的菜式擺設雖然也講究，用餐氣氛因為是搭配酒席主旨，比較輕鬆自在。

懷石料理上菜順序如下：

一、先付（さきずけ，sakizuke）：清新的開胃小菜。

二、八寸（はっすん，hassun）：展現季節性的主題，通常安排一種壽司搭幾道較小份量的小菜作菜色組合，有的會搭一小碗飯、一小碟醃漬魚貝及一小碗味噌湯。如果出席宴席，主人見客人把湯喝完會敬酒，然後大家才開始進食下一道的向付け。

三、向付け（むこうずけ，muk ouzuke）：刺身，季節性的時鮮生魚片組合，有的會加醋醃魚貝類。向付盤子會留在桌上，以供放置後上的菜肴，不收走；兩頭細、中間粗的杉木「利休筷」放在盤上右下角靠近用餐者的地方，筷子一端可夾生魚片等生食，另一端用來夾熟食。

四、炊き合わせ（たきあわせ，takiawase）：煮物，蔬菜、豆腐、肉、魚等食材切小塊，燜煮，附有蓋子保持溫熱。如果應邀用餐，有些主人會收回湯碗、飯碗，為客人加點飯、加點湯之後送回席上，但之後如果主

人禮貌地詢問是否再加湯、加飯，應予客氣謙辭，以免造成主人製作上的困擾，不然就會被視為沒禮貌的人，千萬不可回答「隨便」、「都可以」、「我最喜歡喝湯了」、「我還沒吃飽」，讓主人難以下台。

五、**蓋物**（ふたもの，futamono）：加蓋食器所裝盛的湯或茶碗蒸等蒸物。

六、**焼物**（やきもの，yakimono）：季節性的魚類燒烤物，有的會把烤魚放在煮物的碗蓋上。

七、**酢肴**（すざかな，su-zakana）：以醋醃漬的小菜，如海帶芽等。

八、**冷鉢**（ひやしばち，hiyashi-bachi）：涼拌時蔬、蝦蟹肉、蕎麥麵等熟食，以冰鎮過的食器盛裝。

九、**中豬口**（なかちょこ，naka-choko）：酸味的湯。

十、**強肴**（しいざかな，shii-zakana）：又稱「預け鉢」、「進め鉢」，屬於主菜，烤或煮的牛肉、雞肉、魚肉、豚肉等燴煮什錦，例如牛肉若竹燒。有的主人會於此時再次敬酒，加上一道以大鉢盛裝的強肴，供客人取用。

十一、**御飯**（ごはん，gohan）：飯糰等米飯類，通常只有一、兩口的份量。如在前面程序中沒有上菜，此時會出現。

十二、**香之物**（こうのもの，ko no mono，**香の物**）：季節性的醃漬蔬菜。在此同時還可能搭配「八寸」（邊長二十五公分的正方盤）同上桌，盤上放置山珍、海味各一道醃漬小菜，份量都約一口。

十三、**止椀**（とめわん，tome-wan）：醬湯，以大醬為主料的湯，再放入豆腐、蔥花，升級版的還有海鮮、菇蕈類等。所謂大醬，通常作法是八丁味噌醬加鰹魚汁、白糖調合而成。

十四、水物（みずもの，mizumono）：甘味，餐後甜點，因應時節選擇草莓、哈蜜瓜、葡萄、桃子、蘋果等甜美多汁的傳統高級水果。

整套料理 一吃三、四小時

茶懷石料理以抹茶的茶湯品味為主，供應的飯菜規模比較精簡，依序可包括：向付け、煮物、燒物、吸い物、八寸、湯桶（湯水及鍋巴，另也有上煎茶、抹茶者）、香の物。吸物（お吸い物）是在高湯中加入醬油、鹽煮成的汁物，以漆器碗盛裝，食材可選用魚類、雞肉、豆腐、麵、時令蔬菜等，並以日本柚子或山椒葉、山葵、生薑、唐辛子等提味。

在日本，大套的懷石料理包括了濃茶席、乾菓子（搭配茶的甜點）、薄茶淡茶席，就如同正式的法國餐一樣，講究慢工出細活上菜，

左圖：揚物，屬於主菜，季節天婦羅佐抹茶鹽。

右圖：蓋物，屬於蓋物，夏天也供應蔬菜及海鮮燉煮成的冷湯。

注重餐桌禮儀，吃上三、四個小時也是很正常的，再怎麼緊湊地上菜也要兩個小時以上，即使是跪在榻榻米上這麼久，也得做好準備，不然就要先詢問而選擇能伸腿坐下的桌席，例如桌子底下、榻榻米板上挖凹洞的，才好把腿往下放；若穿著裙子也不致困窘，接下來就可調整好心態，好整以暇地進餐，切忌動不動就叫服務生來，催促「上菜快一點！」

用膳的順序是由滋味清淡的開胃菜開始，再逐次加重味道，一道道地上菜，絕不是一股腦地全堆到桌上，那就讓人興味索然，也容易因為急吃快食而失去優雅風度了。如果在日本，要享用餐廳型態的懷石料理，應盡可能提早訂位，廚師才能因應人數而備妥足夠的節令食材，若是有什麼不吃的，可在預約時一併告知，讓廚師避開，以免掃興。

懷石料理重氛圍 需靜心品味

懷石料理講求禮節，更甚於一般的和食，有幾點需要注意。首先，吃懷石料理必須穿著正式服裝，如果沒有和服，也可以穿西裝或套裝，就算沒有正式套裝，男性至少要穿著整齊的襯衫、西裝褲，女性則必須穿過膝的長裙，到底店家對服裝要求嚴格到何種程度，可以在預約時事先詢問，如果隨便穿著熱褲或迷你裙去吃飯，可能會懷石吃不成，反吃閉門羹。

經營懷石料理的店家通常擁有傳統和室空間，也就是必定有榻榻米地板，進店時要脫去鞋子，因此必須注意一定要穿著襪子或絲襪，千萬不可以光腳踩在榻榻米上，否則是非常失禮的，這點不僅限於懷石料理，對有榻榻米地板的店家來說，光腳都是失禮的，尤其是夏天，腳常常因為熱度而流汗，在榻榻米上一踩就是一個濕印，還會散發異味，沒什麼比這更敗壞食慾的了。

另外，關於榻榻米，雖然沒有明文規定，但盡量不要踩在兩塊榻榻米中間的接縫部分，也就是每塊榻榻米的邊緣部分，因為這是榻榻米最脆弱的地方，常常踩踏會加速損壞，避免踩踏此處是為店家著想；再者，由於接縫處不平整，也可能會造成跌倒，對客人本身也不是件好事情。

到了用餐的桌邊，客人當然不會直接坐在榻榻米上，而是會有一個布坐墊，這個坐墊的正確使用方式是：首先，先在坐墊前跪坐下來，用兩手穩住坐墊，接著膝蓋往前挪到坐墊上坐好，切忌大喇喇踩到坐墊上面，也不要去翻動、凹折坐墊。

懷石料理是日式料理的極致，當然也追求極致的「美」，在吃懷石料理時，如果只顧著上了什麼就迅速地吃，就沒體會到日式精神，也浪費了店家耗費的苦心，懷石料理應從品味空間氣氛開始，先讓心情沉澱下來——即使該店位在鬧市之中，店家也會建立庭院，種上大樹，從窗戶望出去的自然景致，正是沉穩的和風空間的一部分，也唯有先沉澱心情，才能好好品味料理。

「美食」，除了美味，當然一定是先以視覺接觸桌上物，上菜時不要急著開動，先觀賞店家挑選的食器，是否符合季節氛圍，是否能襯托盛裝的料理，都是鑑賞的標準，所謂的鑑賞當然不是指了解食器的價錢，而是一種氣氛的體現，如果能從心底覺得：「真精緻，真漂亮，嗯，好看！」才是真正發揮了品賞的價值。

接下來當然是料理本身，先欣賞，再食用，一道料理，兩種品嘗方式，兩種以上的樂趣，如果能這樣想，就不會覺得懷石料理的規則很囉嗦了。

為了全心品嘗料理，在料理上桌、動筷到撤下的這段時間之內，最好不要說話，在寂靜中，慢慢體會料理之美，不過也不用擔心無法和朋友分享對每道菜的感想，懷石料理通常上菜並不快，可以在每一道菜用畢後的間隔當中討論，最好放低音量，以免破壞氛圍，尤其一邊咀嚼、一邊說話是極為失禮的，千萬要避免。

懷石料理店通常一律提供包廂，紙門是關著的，所以店家不會每次要上菜前就跑來確認客人的狀況，廚師有廚師的步調，該上菜的時候就會上，如果上菜時，前一道還沒吃完，不用急，食客自己也有自己的步調，慢慢來就好，如果心情慌張，就失了鎮定，也品味不出美味來，那是店家所不樂見的，所以店家絕對不會催促客人，可以放寬心。

講究美 忌諱餐後杯盤狼藉

吃懷石料理前可以先準備懷紙（かいし，kaishi），懷紙是一種書寫詩歌使用的紙，走進日本的文具店都可買到，在懷石料理起源的年代還沒有衛生紙，懷紙就是做為衛生紙使用，在今日的懷石料理之中，攜帶懷紙是規矩之一，例如說有魚刺、果核等要丟掉，可不能「呸」一聲吐在桌子上，而應該以懷紙掩住嘴巴，用筷子挾出後，再用懷紙包起來帶走，垃圾也千萬不能扔在桌上。雖然現代已經有衛生紙了，但懷紙擁有古韻和風情，衛生紙則美感不足，所以攜帶懷紙是一件很重要的事。

當然，店家會準備濕毛巾，但濕毛巾只是用來擦手的，不可以用來擦嘴、擦臉、擦桌子，如果除了手之外還有其他要擦的，就用懷紙。還有，除了飯碗之外，其他食器都不該用手捧起來，但有湯汁的料理怎麼辦呢？例如天婦羅沾完了醬汁，可不能一路滴到嘴邊進食，這時候也應該用懷紙在天婦羅下方承接。

另外，預約時就已經先跟店家確認過不吃的食材，所以桌上的東西應該是都能吃的才對，懷石料理非常忌諱剩菜，這等於是在對廚師抱怨：「你做的東西真難吃，所以我剩著啦！」是非常令人傷心的一件事。但如果真的不小心碰到不能吃的食材，或真的吃不完怎麼辦？此時應該包進懷紙裡帶走，不要把菜、點心留在桌上。

最後，如果是有蓋子的食器，無論是湯碗的蓋子還是飯碗的蓋子，食用完畢之後都應該蓋回去，這樣服務生就知道可以撤下。懷石料理講求美，杯盤狼藉當然不美，吃的時候應盡量保持餐具、桌面以及用餐者自己的乾淨整潔，盡可能吃光食物，如果盤子裡有一堆碎屑，看起來很難看，也可以用懷紙拭淨，在吃懷石料理時，不妨假想自己對美學有著無可救藥的熱情，自然就知道應該怎麼行動。

懷石料理的規則較一般和食多，常讓外國人覺得棘手，例如開動之後不說話的規則，習慣在飯桌上聊天的台灣人可能會感覺有點難適應，但中國儒家傳統一樣講求「寢不言，食不語」，食不語除了是一種禮儀，同時也是對食物的尊重，對大自然所提供的食材，給予百分之百的敬意，也對全力調理的料理職人付出謝意，這種心存感激的飲食文化，也是極為和風的一種體現，入境隨俗，不要想成是被規則束縛，既然有機會品嘗懷石料理，就徹底體會日本的美食文化吧！體會異國文化最可惜的就是只得其形，不得神髓，何不趁此良機，接觸日本文化的靈魂！

對於珍貴的事物，先投個保險就能以防萬一，美國好萊塢女星瑪麗蓮．夢露、珍妮佛．洛佩茲等人紛紛投保「美臀險、長腿險、長髮險」等等，中國則有「賞月險」，英國有「愛情險」，重視櫻花盛開而早早排假出遊的日本人，則別開生面投保「櫻花險」，攜酒賞花嘗美食，謳歌美好人生，是年度全民運動。

日本是最早推出天氣保險的國家，有梅雨險、酷暑險、櫻花險、夏季異常天氣險、颱風險等等，櫻花險的操作方式是由保險公司請氣象專家參考近幾十年來日本列島的櫻花開放規律，分析研究，預測各地櫻花開放的具體日期，如果失算，導致投保者不能如期賞櫻，保險公司就得理賠。

日本最常見的櫻花品種為染井吉野櫻（通常簡稱吉野櫻），由綻放至凋落還不到兩個星期，「生如春花之絢爛，死如秋葉之靜美」，正足以形容日本人以櫻花形容人生的信念，因而賞花要趁早，享樂趁當下，才能無憾，他們尤其喜愛在櫻花盛開時，全家出門賞櫻，過後，花瓣凋零散落的景象如同雪花飄落，被稱為「花吹雪」，這也是一種美，適合沽酒獨賞，發抒心情。

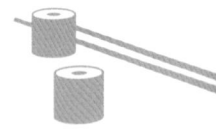

賞櫻原本是貴族、將軍等位高權重者的娛樂，到了十七世紀末，位於現今上野公園的寬永寺開放百姓賞花，後來江戶百姓逐漸在附近

遍植櫻花，形成了賞櫻風俗，以往「只許賞花、不准吃食」的禁令也不復存，連小吃攤都在上野公園外圍繞了一圈。

櫻花祭料理 粉紅色為主

賞櫻季節吃什麼才對盤、才優雅，有特別的講究，經典和菓子「櫻餅」絕對是首選。櫻花品種繁多，在日本有吉野櫻、八重櫻、大島櫻、山櫻等，但可供食用的品種都來自指定產區所培育出的。

櫻餅是賞櫻季節必吃的和菓子。

吉祥的櫻花祭料理非常注重外形和觀感，以粉紅色為主調，但不一定真的拿花朵來烹煮，大多是選用大島櫻的綠葉，用鹽醃漬後，包著加入紅豆餡的糯米糰就成了「櫻餅」，鹹味的葉、甜味的紅豆餡交織成難忘的滋味。加入櫻花瓣與薑末的櫻花冷素麵，香氣濃郁。櫻花懷石料理則特選季節性食材如竹筍、魷魚、海膽等，搭配淺色系，甚至是櫻花造型的高雅器皿，主題明確，炸櫻花蝦、櫻卷夾、櫻魚立壽司、櫻蝦刺身，春季風味，賞心悅目。

此外，在紅豆餡麵包上，鋪上用鹽醃漬過的櫻花瓣，就是「櫻花豆餡麵包」，在櫻花盛開季節，各家麵包店、超市都買得到。把代表櫻花色彩的粉紅色以及白色、綠色的糯米糰串起來，就是「花見糰子」，也很受歡迎，摻入櫻花瓣的雪糕等甜品則是小朋友最垂涎的。

之五。

溫泉美食

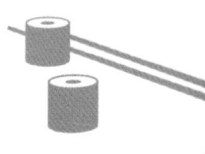

日本人非常愛泡溫泉，溫泉美食也就相當講究，除了健康養生，還會隨著不同地區溫泉的地方特產而有限定、特供美食。

豆腐第一　螃蟹第二

泡溫泉，吃豆腐，在東京附近的箱根、群馬等溫泉勝地，溫泉嫩豆腐口感細緻滑嫩，有的加點醬油食用，有的則以豆腐火鍋、紙火鍋或豆腐三吃的形式上桌，群馬更標榜豆腐懷石大餐，提供豆漿湯讓客人用竹籤勾起表面的豆皮食用，而在九州的溫泉地區則供應以昆布熬煮的湯豆腐。

豆腐第一，螃蟹第二，例如冬季到關西地區兵庫的城崎溫泉、神戶的有馬溫泉、和歌山的白浜溫泉等歷史悠久的名泉所在地，可以點份螃蟹套餐或單點烤螃蟹、螃蟹魚子蓋飯，蘸橙醋享用，搭配在地美酒，新鮮美味滿分。

以東北為例，泡溫泉不能不吃的特色料理如下：

・**八戶的鄉土料理「八戶煎餅湯」**：把日本點心煎餅放入盛有蔬菜、魚類、肉類的湯頭內，吸飽湯汁後食用。

・**八戶的煮草莓**：這裡所指的「草莓」是指黃色海膽，把特產海膽、鮑魚以鹽、醬油調味烹煮成淡乳白色的湯品，海水風味濃。

・**秋田的蘋果汁**：秋田是知名的蘋果產地，栽培在橫手市增田町的「富士」品種，蜜汁多、糖度高，現榨現裝而成果汁，純淨甜美。

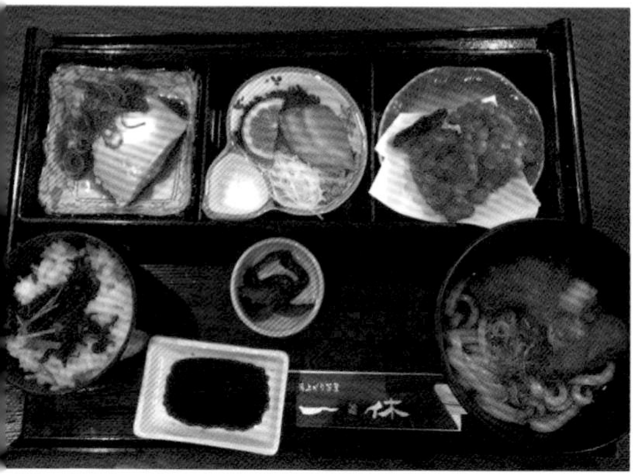

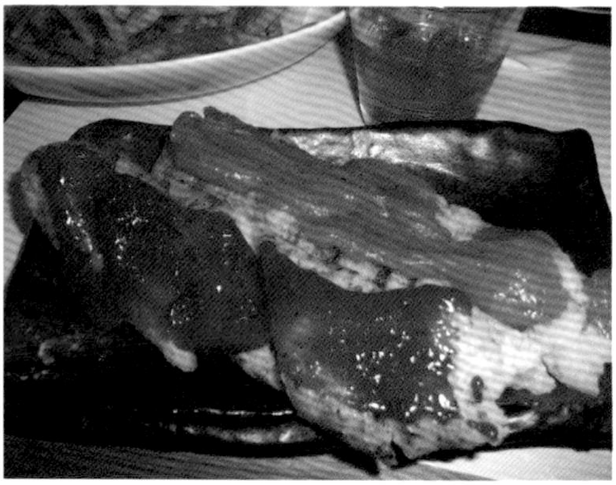

左圖：各地的溫泉美食都很講究，也各有特色。

右圖：秋田特色料理烤米糰子佐紅、綠味噌，在秋田、東北的居酒屋可吃到。

・**秋田的烤米棒、切蒲英鍋：**先把煮好的米飯碾碎，捲在杉木棒上如熱狗，燒烤成米棒；再將比內地雞肉、牛蒡、蘑菇、大蔥、水芹與烤米棒一同烹煮成鍋，加入醬油調味，讓米棒吸收雞汁的精華好味道。秋田比內地雞是日本國產土雞中的首選雞種，一年生產三十萬隻雞，在良好天然環境中孕育出來的雞肉無比鮮嫩。

・**福島縣會津若松市的輪箱飯：**將薄杉板捲曲做「輪箱」食器，盛裝當地料理，包括以淡醬油調味的米飯、山菜、螃蟹、鮭魚、醃鮭魚卵蒸煮而成，開箱時香氣撲鼻。

第六章。

日本料理用餐禮儀

身為備餐的主人，千萬別忘了準備冬日的熱毛巾、夏日的冰毛巾、餐巾紙等；在需要挾食的料理上桌時附上一雙筷子；自己坐在靠近入口處以便隨時注意上菜及服務……

上桌用餐吧！先把日本料理的用餐禮儀稍加演練一遍，才不會出糗。

之一。

和風料理的用餐禮儀

不論在餐廳或在別人家，身為賓客，享用日本料理得注意一些基本的用餐禮儀，以下所提的須知、禮儀，台灣人可能一時無法適應，到了日本旅遊、訪友的餐桌上就處處不自在，因此建議在台灣的日本料理餐廳裡可以多揣摩，多做幾次就容易記住了。

上桌先動筷　不合禮儀

・**免洗筷：**如果主人提供的是免洗筷，身為客人，最忌把筷子的紙套或塑膠套大力扯開，然後交互摩擦筷子的前端，雖說是想磨掉不平的細刺，卻是不禮貌的行為。正確方式是用手把筷子稍舉高，輕輕把包裝套往右撕開即可，再用紙包裝稍打個結充當筷架。

・**濕毛巾：**很多人尤其是小朋友看到透明塑膠袋包著的濕毛巾，立刻大力拍打，發出如同鞭炮聲響的一聲「砰」，往往引人側目，使人嚇一大跳，這是極粗魯的行為，正確方式是把它輕扯破即可，避免發出不悅聲響，而且用過也還是稍摺一下放在毛巾盤上，如果亂揉亂丟桌上會讓同桌的人心裡感覺不舒服。

・**舉筷：**通常筷子是在食客的正前方，如果吃懷石料理則可能在靠近自己的盤上右下角，不用放下時，應放在筷架或千代結上，不宜像吃中菜一樣擺在右側，更忌筷腳朝著別人或架在碗上，更不宜亂放在桌上，弄得醬油、芥末到處都是。國人習慣上桌先動筷，這是不合日本餐桌禮法的，正確的方式是先捧起碗，之後才能舉筷，如果這道吃完了，就先把筷子放回筷架上，再端起其他碗，可不能右手一直握著筷子不放，也切忌把筷子擺架在哪道菜的盤緣，或舉筷不定，會讓人認為極不禮貌。

別自以為衛生，用筷頭挾菜，台灣人在挾菜或勸菜時，常會改用筷子另一端，但在日本人的觀念而言，這一端也是被手握過的，不衛生，因此最好向服務生再索取一雙筷子來用，同時不宜挾給別人以免有強迫之意，給自己的則先挾到面前小盤後再食用。

・**食器蓋子**：每用完一道有蓋的餐點如茶碗蒸等，都應把蓋子蓋回去，服務人員稍晚就會知道已用畢而收走，不要倒蓋著，也不要隨意擺放桌上；若有用餐巾紙包住魚骨等，可放在餐盤上以利收走。如果受到熱氣影響，蓋子一時打不開，應用一手的拇指、食指握住碗的邊緣，另一手由上往下把蓋子拿起，切忌敲打，萬一仍打不開則可請服務生協助。

・**食蟹工具**：如果主人或餐廳在螃蟹料理上桌時，一併附上蟹剪刀、叉子等，應使用它，不宜用手敲、折、摳、挖，以免吃相難看。

・**食物掉落時**：若有生魚片等食物往下掉，來得及就拿餐巾紙接住，來不及就捏起放在不用的盤子上讓服務人員收走，不可直接用手接或用手抓起，會被認為不衛生、失禮。

・**攀談時機**：在別人正挾食物入嘴或正咀嚼食物時，不宜問他問題或攀談，會讓對方尷尬、不知所措。

吃生魚片 宜先吃白肉魚片

・**接受招待、一起吃飯時，先說：「我開動了。」（いただきます，讀音如 yitada-kimasu ）**：日本人尊重自然與食材，這句話原本的意思是「我領受了」，如果是對方請

日本料理最常見的握壽司，也有一定的食用方法。

客，應向主人說；如果不是，則可面向餐桌上的菜肴說，代表一種對自然的感謝。

・**握壽司**：用拇指和中指輕輕捏住壽司，中指要扣緊壽司勿掉落，必要時可以食指輕按在壽司上，如想蘸芥末或醬油，可以魚肉蝦貝這端蘸上少許，再以魚片朝上、米飯朝下的樣貌送入嘴。但體積稍大的軍艦壽司，不太方便蘸醬油，可以改成滴少許醬油在壽司上再吃。

・**生魚片**：新聞曾報導，在吃到飽的餐廳，鮭魚勇奪各類生魚片喜好排行榜的冠軍，理由是肉質Q彈，脂肪肥厚又有飽足感，其次為鮪魚。一盤綜合生魚片上桌，宜先吃白肉魚片、花枝，後吃油脂較豐腴、味道較重的鮭魚、魚卵、海膽等，在吃兩片或兩種生魚片之間，可吃蘿蔔絲來恢復口腔內的清爽感，如有嫩薑也可以在這時吃。如果生魚片比較大塊，切忌咬一半、把另一半吐放在盤上，應該大口入嘴，用手遮住後，不講話，慢慢嚼嚥下去，不然會讓人覺得不禮貌。吃生魚片的時候，應該用筷子挾一丁點芥末放到魚片上，如果還需醬油，再以生魚片尾端稍蘸少許醬油，再送入嘴細細品嘗，才是正確的吃法；如有青紫蘇葉，可先包著生魚片再蘸點醬油；但台灣人吃日本料理最容易犯的錯誤，總是誤把芥末攪到醬油碟裡，再挾生魚片蘸滿醬油吃，不但浪費了鮮美原味，還很無禮。

・蚌殼、蛤蜊殼吸物：把湯喝完，留下貝殼在碗底即可，千萬不可先把蛤蜊肉拿出來吃後丟殼在桌上，會被認為沒教養。

・飯：接受招待時，切忌大口扒飯，如果想吃第二碗飯，應在碗中留下一小口飯示意，放下筷子等待上飯，最後搭配醃漬香之物食畢。

・咖哩飯、蓋飯：用湯匙拌勻醬料、菜料後再吃。

・蕎麥麵：涼的蕎麥麵通常都是放在竹篩盤上端出來，附上醬汁碗，裡頭有醬油、蔥，並可視個人喜好加海苔絲、唐辛子等，即使一人一份，吃的時候也不可直接挾麵入嘴，而應挾起一口的份量，放進醬汁碗內，再挾起入嘴，如果耽心會太鹹，可先把麵挾到空碗裡，再稍蘸醬汁後食用，切忌把整碗醬汁和麵都混在一起大口吃。

・烏龍麵、湯麵：用筷子挾起麵條入嘴時，把麵條吸進嘴同時發出適當的呼嚕聲，等同在讚美它好吃。吸麵的聲音是吸的時候自然發出的，對於從小被教導吃飯不能發出聲音的台灣人很困難，如果嘗試過後實在發不出聲音，不必勉強，對日本人來說，吃麵時沒有聲音並不至於沒禮貌，反而要是發出怪聲、亂彈麵湯，會更難看。

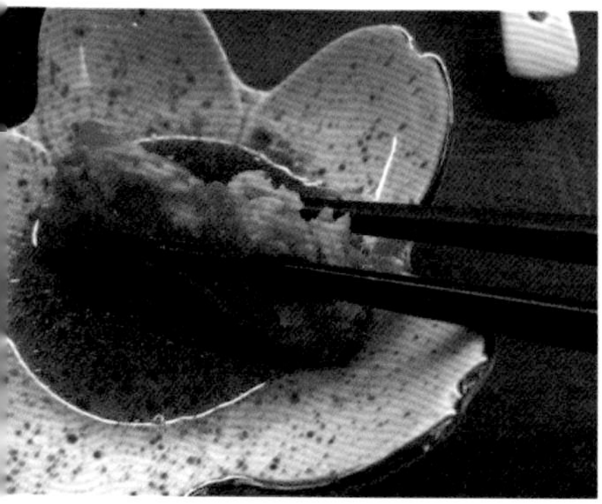

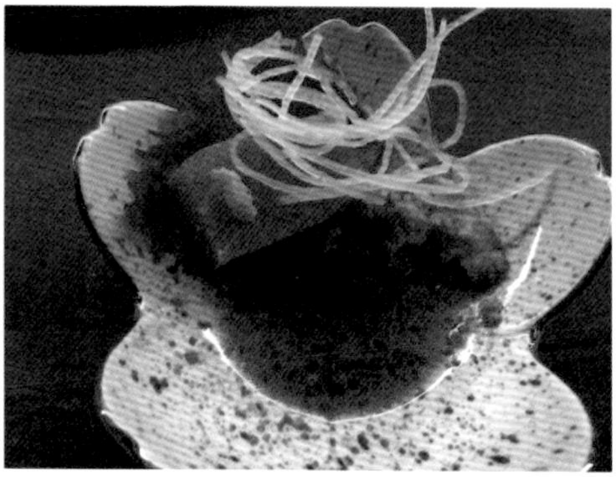

右圖：吃生魚片時，可先用紫蘇葉包托，用筷子挾一丁點芥末放到魚片上，並可再以魚片尾端稍醮少許醬油後入口。

左圖：勿把芥末塗到生魚片上或以魚片攪蘸醬油。

・烤香魚或其他烤魚：烤香魚是台灣人最喜愛的一道菜色，在點菜的時候宜聲明要公魚或有卵而較貴的母魚，時下愈來愈多人擔心攝取過高普林，所以願吃公魚的人已逐漸多了起來。烤魚上桌時，可先稍把魚身壓平，折斷魚尾，以筷子劃開魚腹，用一支筷子壓住魚頭，另一支筷子剔除魚皮，盡量把整支魚骨完整地拉起來，放置一旁，再吃魚肉，吃相較佳，如有附小盤子，則可把魚肉移到盤上再享用。

・丸子串：日本的丸子串（串糰子）有很多花樣，例如糯米糰、蒟蒻丸子、日式麻糬等，也有時會把圓圓的章魚燒串在一起，儘管分配一人一串，也千萬別以口就丸子直接咬出來吃，很不禮貌，正確方式是一手（一般人慣用右手）握住竹籤，一手用筷子抵住最靠近尾端的丸子，然後右手轉動竹籤，就能用筷子把尾端的丸子撥進面前碟子上了。

左圖：大型的天婦羅如炸蝦，可以捧起醬汁碗承接食用。

右圖：土瓶蒸常會附上酢橘或檸檬以提鮮。

・**天婦羅：**天婦羅在盤中的擺放是有一定順序的，通常，味道最淡的會擺在最前面，味道最濃的則會在最後面，所以食用綜合天婦羅時，不要把整盤天婦羅翻得亂七八糟，直接從最前面往後吃就對了。挾天婦羅蘸醬之後，不應該把臉靠近醬汁碗去吃，而應直接將碗捧起食用，這點是大部分日本料理的共通規矩，不要以口就器，而是應該以器就口，低頭靠近桌面的姿勢會讓人想到動物進食，並不雅觀。針對體積比較大的天婦羅，例如炸蝦，如果是能用筷子分開的，應用筷子先在盤子上切成適當的大小，再蘸醬食用，如果無法用筷子切開，如花枝等比較具有韌性的食材，切勿咬一口又放回盤子上，還是應該捧起醬汁碗，將整塊食用完畢。

・**土瓶蒸：**土瓶蒸的蓋子，其實就是一個倒扣的迷你碗，享用時，首先倒出一杯湯汁入碗，先品嘗單純原味。土瓶蒸通常都會附上酢橘（一種柑橘類，德島縣特產，綠皮、嬌小、圓球狀，多汁而酸味強，擁有獨特的香氣，常用於料理調味），酢橘不應該直接擠入土瓶，而應該擠在杯子裡才是正確的調味方式。土瓶蒸除湯汁外，也有很多料，不能直接從土瓶裡面掏料往嘴巴裡送，而是應該先移到杯中，再食用。如果有蝦、蛤蜊等帶殼的材料，不要扔得滿桌面都是，吃完後把所有的殼都留在土瓶中，並蓋上蓋子，服務員就知道這一道料理已經食用完畢。吃完之後將蓋子蓋回去，這點是大部分日本料理的共通規矩，如味噌湯碗或飯碗，蓋上蓋子就代表已經食用完畢，可以撤走了。

・**共用的煮物**：如果桌上是一大碗煮物或一大碟丸子、一大盤沙拉，屬於共食性質，宜先挾到自己的小碗或小碟上再吃，切忌直接挾入嘴咀嚼，吃相不文雅。

・**火鍋**：用共用的湯杓、筷子把食材放到自己前面的碟子上後再蘸醬食用，一燙就熟的食材如牛肉，應該要吃時再放入所需的份量並伺機舀出，也不必過於熱心幫旁人挾菜，否則會被視為禮數欠佳。

・**喝酒**：如果不想或不太能喝酒，可以喝一小口主人邀請的清酒或啤酒、燒酒，之後就不必勉強，但不宜動輒乾杯，除非對方是很熟稔的親友且也喜歡乾杯，不然會被認為有失風度。另外，日本並不流行喝紅酒（紅葡萄酒），不宜主動要求以免讓對方感到困擾。

・**餐後應該要說：「謝謝您的招待。」（ごちそうさまでした**，讀音如 gotisousama-deshita）：這句話的原意為「讓您為我這餐飯而奔走了。」如果是對方請客，一定要向主人鞠躬並說這句話，而假如是在外面店家吃飯，

也可向店家說這句話，特別是外食時，這句話常附加有「我吃飽了，我要結帳」的意思，如果忘記結帳怎麼說，可用這句話代替，並作勢起身，服務員就會引領去結帳，這句話也比單純的「我要結帳」擁有更高的謝意和敬意，店家聽到會很高興。

從擺對筷子做起，良好的用餐禮儀可為美食加分。

日本料理雖然禮儀看似繁複瑣碎，但仔細一想其實都屬於合理的、常識型的範圍之內，可以總結為：不要發出噪音、不要舉止粗魯、不要讓別人感到困擾等等，所以並不需要像背教條一樣地把禮儀條文都背起來，而是應該注意自己的儀態和禮貌，把這種風度融入平常吃飯的生活習慣之中，如此一來，自然會顯得優雅有禮教。除了正統的宴會料理之外，平常日本人在拉麵店、居酒屋、食堂等吃飯時，倒是不會太過要求自己和別人的用餐禮儀，只要多為別人著想，不犯常識性的錯誤，通常就足以應付。

之二。

日、台飲食習慣的有趣差異

除了遵守餐桌禮儀之外，日本有一些飲食習慣和台灣不同，屬於不強迫、可學習可不學習，或規範上比較有彈性的飲食文化範疇，擇其中比較有趣且值得注意的，列舉於下。

吃蛋糕也要用筷子？

日本對於異文化接受度超高，是有名的，早在千年以前，便大量接受中國、朝鮮文化，而近代也毫無障礙地接受了歐美文化，其包容度之高令人驚異。不過仔細觀察就可以發現，日本其實是典型的「表面上兼容並蓄，骨子裡堅持己見」，不管什麼文化進入日本，最後都會被同化成日本文化。諸如茶道、花道、香道等都已經被日本發揚成國粹文化，再舉個餐桌上的筷子為例，雖然筷子是從中國傳入的，但日本人有餐桌文化以來就一直使用筷子，列入了日本文化的一環，對筷子的深愛可稱無人能出其右，吃什麼都用筷子。

放眼全世界，大概只有日本的義大利麵店會附上筷子，尤其是帶著和式風味的義大利麵店「洋麵屋」，乾脆不給叉子，餐桌上直接放著的就是筷子；賣炸豬排等日式洋食更不用說，百分之百是用筷子吃，甚至在美式牛排店，也常常聽到客人發問：「請問有筷子嗎？」竟還有日本人認為應該用筷子吃蛋糕，因為這樣吃起來比較好看，確實，比起叉子向下加壓切斷蛋糕，筷子是左右施力，加上靈活度更高，蛋糕不容易崩塌，到最後都能保持好

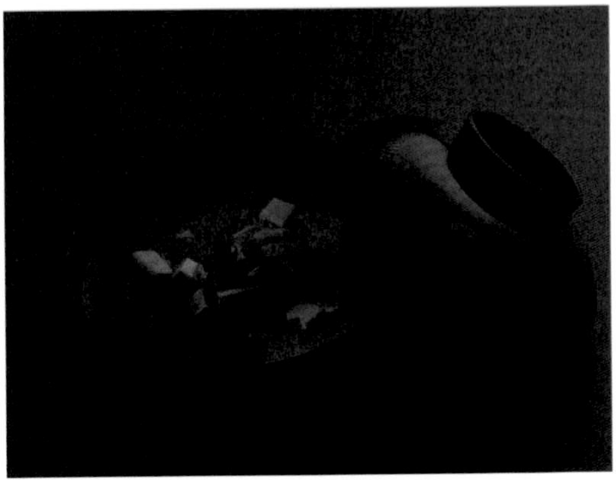

如味噌湯等日式湯，必須用筷子品嘗。

看的形狀，只是拿筷子吃蛋糕還是有種說不出的不協調感。

另外，關於湯品，雖然對外國人來說，味噌湯和玉米濃湯都是湯，不過對日本人而言完全不同，味噌湯的日文叫作「味噌汁」（みそしる，misoshiru），這類「汁」（しる，shiru）系列是日本料理，即使是湯品，也必須用筷子吃；至於玉米濃湯寫成片假名「コーンスープ」（corn soup），這類用外來語標示的「スープ」（soup）系列是西洋食物，所以會用湯匙喝。中華料理的湯又被擺在哪個分類呢？這要看店家，如果是傳統的中華料理專門店，應該會提供像我們平時吃中餐使用的寬緣淺底喝湯用湯匙，如果是日本料理店，就有可能只附上筷子。

相較之下，台灣人對西式刀叉的接受度較高，不過日本近年來由於講求國際化，也開始要求西餐禮儀，一些西式餐廳不再願意提供筷子，說不定這種在西餐廳用筷子吃飯的奇景過幾年就會消失了。

攪拌？不攪拌？

有日本友人到台灣遊玩之後，對於隨處可見的滷肉飯大表驚奇，日本雖然也會把像滷肉這樣的配料放在白飯上，例如雞肉肉燥飯（そぼろご飯，soborogohan）、明太子飯（明太子ご飯，meitaikogohan）等等，但並沒有像台灣這樣普及到幾乎每家店都賣，而且，對日本人來說，在飯上放配料是屬於一種加料（トッピング，topping），但台灣人覺得滷肉飯本身就是一道完整的飯類料理，日、台的飲食習慣有很大的差異；最重要的是，即使把明太子放在飯上，日本人也不會把明太子與飯攪拌在一起。日本也有少數料理是必須要攪拌的，但大多數的料理，尤其是傳統和食，仔細觀察會發現日本人並不攪拌食物，不少台灣人喜歡把菜挪到飯上，再把菜連著飯一起送入口中，但多數日本人不太會這麼做。

那麼，日本人是怎麼吃飯的呢？傳統的和食是由白飯、味噌湯、醬菜這三項構築成的，現今除了醬菜，當然還要再加上別的菜肴，但不外乎就是這樣的三角結構。

正確的吃法是，先喝一口味噌湯，放下湯碗，端起飯碗，吃一口白飯，白飯咀嚼吞嚥下去後，再吃一口菜，接著放下飯碗，再端起湯碗喝一口味噌湯，就這樣不斷循環，最好是能平衡地把這三樣都吃完，而不是都吃完飯才喝湯。

這個食用順序是有道理的，首先，為什麼要先喝味噌湯？熱湯的溫暖度接近體溫，進入胃之後能讓人放鬆心情，好好品嘗接下來的飲食，是啟動飯食的體貼訊號，而喝味噌湯時，要用筷子把漂動的湯料壓住，蘸濕的筷子再去挾飯時，就不容易黏米粒，一舉兩得。其次，為什麼要直接吃白飯，而不要把飯菜混著吃？這樣白飯不就沒有味道嗎？正是如此，在菜與菜之間，或者菜與湯之間挾上一口白飯，要的就是白飯的味淡樸實，能將口腔中的菜肴餘味清除，就像正統西餐套餐，在上完前菜之後會上一小碗冰沙，讓客人的口腔恢復清爽，以迎接主菜登場一樣，日本料理的湯、飯、菜循環，正是每一循環都在重複這個動作。

事實上，在正統的會席料理等正餐當中，這個順序是被視為一種禮節而存在的，雖然在日常生活餐飲中並沒有這個要求，卻有不少日本人下意識地這麼做，如此一來，日本人當然不會攪拌食物了，一旦攪拌食物，白飯的效用便蕩然無存。那麼，中餐的順序為什麼不如此做呢？台灣人喜歡吃滷肉飯和炒飯這樣混雜著菜肴的飯類，難道我們的白飯功能不一樣嗎？細想中餐的特點就會發現，中餐比日本料理多出一樣不可缺少的東西，那就是茶，吃中餐時不但要配茶，而且高興喝多少茶都可以，不會限制回沖的次數，而這道茶，就擔當了日本料理中白飯的位置，一旦覺得嘴裡味道過重，我們的第一反應往往不是吃飯，而是喝茶，自然也就不需要白飯來擔任清理口腔的重責大任了。

日本人吃飯時並不大會喝茶，也很少會喝水，如果觀察日本的日式餐廳可以發現，通常餐廳一開始只會提供水，等到客人用完餐，才會上熱茶，這是因為茶在用餐的時候並無用武之地，然而台灣的日式餐廳卻會在一開始就上茶，因為即使是在吃日本料理，台灣人也無法用白飯取代熱茶的位置，不上熱茶，整餐飯不就只會愈來愈鹹嗎？至於酒類，日本人分得很清楚，喝酒時配的是下酒菜，仍以酒為中心，但吃飯時就是吃飯，即使有酒也只是點綴。

日本料理真的不喜歡攪拌，例如我們常會有日本人喜歡吃生蛋拌飯的印象，不過這種蛋拌飯叫作「卵かけご飯」，「かけ」就是把某種東西加在另一種東西上面的意思，也就是說，蛋拌飯直接「把蛋加在飯上」，而不是「把蛋拌進飯裡」，而名字中帶著「まぜ」（攪拌）的少數料理例如「まぜそば」（乾拌麵），並非傳統日本料理，要說同時擁有「攪拌」「傳統日本料理」印象的東西，最容易讓人想起的是納豆，納豆確實要攪拌，但那是攪拌納豆本身和黃芥末、醬汁等等，如果用來配飯時，就又只是配料而不必攪拌米飯了。

日文所謂的生蛋拌飯是把蛋放在飯上，而非拌進飯裡。

最容易面臨「究竟要不要攪拌」的問題，可能是咖哩，日本人也分成兩派。「不攪拌咖哩派」認為咖哩和飯攪拌在一起非常難看，咖哩就是不該攪拌，一湯匙下去挖上來，一匙的白飯，上面淺淺覆蓋著一半的咖哩醬汁，這樣才好看；而「攪拌咖哩派」認為，不攪拌咖哩就無法讓味道均勻，於是兩派碰在一起總是吵得不可開交，誰也不讓誰，一直是日本少數充滿爭議的料理。雖然咖哩已經完全日本化了，但畢竟也屬洋食，日本人存在著分歧的意見，算是正常的，也形成了有趣的現象。

日不忌冷食 台愛熱騰騰食物

日本便當有個很神奇的特點，就是除非冰過，不然日本人並不忌諱吃冷掉的便當，身為台灣人，這是比較難以適應的，除了本來就該是冰涼的食物之外，無論是「吃冷飯」還是「殘肴冷羹」，都充滿負面含義，原本熱騰騰的食物一旦冷掉，總給人一種不舒服的感覺。

日本人不介意便當冷掉，但台灣人較難以接受。

為什麼日本人願意吃冷飯呢？可以推測是來自日本料理和中華料理本質上的差異，日本料理的配菜通常以烤魚、水煮菜、醬菜等食物為主，而中華料理則是以熱炒的料理為主，日本料理冷掉了就只是冷掉了，中華料理冷掉了卻還很油，不適合入口，這也就造成了慣吃中餐的我們無法接受冷掉的菜肴，而日本人卻沒有心理障礙的現象了。還有就是日本很多生食，日本人吃生蛋、生魚片，甚至是少數的生肉，在日本人的觀念中，生食代表著新鮮，也代表著無上的美味，而生的就是未過火的，自然也就是冷的了，能想像熱騰騰的壽司嗎？當然不能了，所以日本人對冷食的接受度較高。

接受度高不代表愛吃冷飯，日本人在餐桌上也喜歡吃熱騰騰的飯菜，不過，帶出門的便當或在外買的便當，實在沒辦法，只能詢問能否微波加熱，例如鐵道便當在車廂內販賣，日本人不會因為冷掉而不高興，不吃冷食的台灣人就不樂意買了；有很多高掛在日本人喜愛排行榜上的便當，卻被台灣人批評為不好吃，最大的理由也不外乎是「冷掉了，還能吃嗎？」

盤子裡總是剩一個

日本人是心思細膩的民族，講求「遠慮」，也就是行事之前會多想想，尤其多為別人想想，這也就造成了日本人偶爾會看起來有些瞻前顧後、躊躇不前，而反映在餐桌上，就是盤子裡總是會剩下最後一塊，沒有人動。當然，日本人的出發點是好的，「我把最後一塊拿走了，你不就沒得吃了嗎？」每個人都這樣想，於是不管是炸雞、天婦羅、烤魚，還是四人份分給了三個人、結果只剩下一小碗的沙拉，這種讓服務生困擾的「桌上一堆即將要空的盤子，卻沒有一個可以收走」的狀況，在日本經常發生。

偏偏日本不像中餐吃合菜的時候，服務生會主動把大盤子換小，大部分日本人會在被逼得實在沒辦法了——也就是服務生端了新的一盤菜過來，卻沒有地方放的時候，終於有所行動，趕快清場。不過其實挾走最後一塊並沒有什麼失禮之處，尤其是放了一段時間卻完全沒人動的狀況下，不妨主動開口詢問還有沒有人要吃，要是真的沒有，就行行好，體諒一下在旁邊愁眉不展的服務生吧！

在朋友聚會的輕鬆場合，日本人比較會主動清盤子，但如果是正式場合，尤其是有上級在場的場合，通常日本人都非常拘謹，也就造成了每個盤子裡都剩一個的「剩」況。還有比剩一個更可怕的狀況，就是「盤子裡總是滿滿的」，與身分地位太高的人同桌吃飯時，很多日本人會拘謹到甚至難以動筷，另外一種狀況是無法平均分配，例如桌上有六個人，但是上來的炸豆腐只有四塊，無法分給每一個人，日本人也會不動筷，於是整張桌子上就沒有人敢吃東西。

與上級吃飯是比較無法解決的問題，因為牽涉禮儀問題，也只能等待上級說出「大家吃啊！不要客氣」的招呼。而如果是菜肴無法均分，不妨主動一點，豆腐只有四塊，都切一半不就有八塊了嗎？切完再招呼大夥兒食用，他們就會動筷，至於八塊分給六個人，盤子裡又剩兩個了，該怎麼辦？那就等剩兩個時再解決，眼前，至少先解決盤子滿滿的問題！

能不能外帶？該不該打包？

在中餐廳，打包食物是很常見的現象，點的菜吃不完，一聲令下：「老闆，打包！」餐廳立刻拿出紙盒、塑膠袋，絲毫沒有怨言，不過這個打包習慣到了日本可要注意了，傳統的日式料理是不接受打包的。不接受打包的原因有很多，最表面化的就是打包讓人覺得很小氣，對此台灣人滿頭問號：「打包很小氣？為什麼？難道這些沒吃完的部分不是我花錢買的嗎？就因為沒當場吃完，就不屬於我了，想帶走就是小氣啦？與其清理掉，還不如我帶回去加熱吃掉更環保。」如果這樣反駁，日本人大概就無話可說了！

雖然「很小氣、很不好意思、很失禮」是反對打包最通常的理由，不過可不可以打包其實有著更深的本質差異。中餐以過油的料理較多，雖然也建議當場吃完，但帶回家放冰箱，即使放到第二天也還不那麼容易變質，仍然可以食用；但是日本料理偏向簡單的處理方式，不過油，食物就容易腐敗，往往在很短的時間內味道就變了，對餐廳來說，食物出了大門就無法保證品質，是一件非常危險又令人擔心的事情，還會牽涉到餐廳的聲譽，當然就不樂見打包了。日本料理追求完美，有些較高檔的餐廳連外帶都不同意，把一切變數都控制在廚師的眼皮子底下，當場做、當場吃，才是最正確的態度，至於沒有吃完的，雖然很浪費，但也沒辦法，總比讓客人吃到變壞的東西好。

到日本餐廳用餐，如果想要外帶，最好事先電話詢問，尤其正式的日本料理，能外帶的機率應該相當低，一定要先做確認。至於打包，問一聲看看還不至於惹怒廚師，但如果餐廳表示不能打包，最好就不要再臉紅脖子粗地爭論：「為什麼不能打包？我花了錢為什麼不能帶走？」以免雙方互留壞印象與壞心情。

餐後該在哪裡補妝？

有化妝的女士們應該常有這種困擾，吃飯時連口紅一起吃掉，吃完了當然要補一下妝，才不至於失禮；在台灣，很多人當場就拿出鏡子和口紅，馬上補，馬上好！不過注意了，在日本，這是很失禮的。

對日本人來說，化妝是非常私密的行為，私密的意思就是：不適合在公眾場合做給大家看，所以即使只是吃完飯補一點口紅，也應該起身到洗手間去補，才是有教養的行為，尤其連護唇膏、粉底、蜜粉也要補，跟妳關係比較親近的日本人可能會趕緊出手制止，而不熟悉的人只會默默大喊：「天啊！」冷眼旁觀，在心裡打上一個大大的×。如果餐廳沒有洗手間，通常也就代表餐廳檔次較低，這樣在餐桌上補口紅是勉強可以的，但最好遮掩一下，並且動作迅速，同桌的友人也能體諒這是沒辦法的狀況，頂多移開視線，假裝沒看到。

除了餐桌上，在日本也不應該在任何公眾場合化妝或補妝，近年來也有不少年輕的日本女孩會在電車上化妝，不過這種行為一樣被大多數日本人視為是非常沒有教養的行為，鐵路公司也一直宣導禁止，嚴重程度更甚於在電車上吃東西，也就能知道在公眾場合化妝是一件多麼讓人瞧不起的事情了。化妝是為了讓自己和周遭的人都心情舒適，但是在餐桌上補完妝，看著大家僵硬的臉色，可就本末倒置了，還是多走幾步路去洗手間吧！

之三。

照著菜單的順序來點餐

懷石料理名堂多，講究有別，也可分為竹盛懷石（如同要到櫻花樹下野宴般地以竹器盛裝的輕鬆型態）、季節性的高雅懷石料理（食材和意境都力求高雅，例如一道秋葉拼盤，就包含了豌豆、南瓜、蓮藕、牛蒡、地瓜等當季揚物）、季節性的火鍋懷石料理（以火鍋為重頭戲，如鯛魚火鍋、牛肉壽喜燒、鰻魚柳川鍋等）或和牛涮涮鍋（しゃぶしゃぶ）料理、禪修意味較濃的茶懷石料理、套餐式的懷石料理（餐廳販售，較快出菜）、便當式的懷石料理（以季節性食材的蒸飯為主）。

懷石料理伴隨著茶道文化意涵，通常先以精緻茶具沖泡抹茶，同時先上小缽前菜以免喝茶讓胃部不舒服，講求雅緻並非豪奢，因而大部分的菜色都是小碟小碗小份量地上桌。以季節性的懷石料理來說，進餐順序如下：

一、開胃前菜。

二、八寸四方盤上裝的壽司或飯，一湯三菜包括醃漬魚貝、椀物（吸物、吸汁，以味噌湯為主）。

三、生鮮食物（刺身為主）。

四、焚合，如椎茸、筍子、蔬菜、里芋（比一般芋頭小，如同台灣的山芋仔）和高野豆腐（源自和歌山縣高野山的凍豆腐）做成的燉菜、煮物。

五、燒烤物，以烤魚為多，但不限魚類，菜色可有香魚姿燒、加納魚味噌燒、烏賊黃金燒、茄子田樂燒，甚至融入西洋風的生蠔起司燒等。

六、酢物（以魚貝類、野菜、海藻加水果、調味醋做成的帶酸味酢漬料理）。

七、食事（飯或冷蕎麥麵加涼拌時蔬、蝦蟹肉等冷鉢）。

八、水菓子（水果，有的會端上羊羹類）和甘味（糖果類甜點如手作蕨餅、沖繩黑糖聖代冰淇淋、抹茶奶酪、和風芝麻布丁等等）。

除了火鍋店、居酒屋、燒烤店等專攻某類菜色的場所，在綜合型的日本料理餐廳裡，依照菜色類別及出菜順序，菜單通常可以分為以下十一至十三大項，提供食客點選：

·**前菜**：開胃菜，當季食材四季小鉢搭配酒，促進食慾。這類菜色的範例有菊花梅醬拌明蝦、墨魚明太子、鱈魚子拌海膽、加納魚味

懷石料理都是小碟小碗小份量地上桌。

噌拌烏賊、白醋拌香菇蛤蜊、蘿蔔拌甜蝦、涼拌豆腐、玉子燒（たまごやき，煎蛋捲、厚卵燒）等。（明太子，めいたいこ源自於朝鮮語，是指明太即鱈魚的卵，是日本博多的名產，以鱈魚卵用鹽、辣椒醬醃製而成，可拌入炒飯、沙拉等）。

．**吸物、吸汁**：汁、吸就是湯的意思，小份量清湯，與上一道可成套搭配。讓味蕾做好準備。這類菜色有昆布吸、蛤潮吸（蜆湯）、蓴菜珍菇吸等。

．**刺身**：生鮮生魚片，一般份量為五片，搭配白蘿蔔絲、紫蘇葉、小黃瓜片及芥末，手工現切的白蘿蔔絲比起刨絲器刨出的更佳，泡冰水後瀝乾使用，口感清脆，有助殺菌；哇沙米以新鮮山葵現磨成芥末泥最佳，高級的還會搭配辛香的薑科植物嫩芽「茗荷」，最適合與鯖魚、鰹魚類生魚片一同食用，另外也常見搭配海藻、金黃色果肉的小圓酢橘。這類菜色如綜合生魚片、魚子醬熊本生蠔、牡丹蝦姿造（生鮮盤）、扇貝及海膽姿造等。

．**煮物**：以水煮時蔬為主，也有加上蝦貝類海鮮的煮法。如黑豬肉豚之角煮（塊狀煮，類似焢肉或東坡肉）、鮑魚吉野煮、青花魚味噌煮、加納魚雜煮、虱目魚扇貝小菜煮、野菜煮合、鮭魚蘿蔔泥煮等。

．**燒物**：燒烤類，以烤魚較常見，有烤整隻的，也有的是切片上桌。如香魚姿燒（燒烤魚類時要串籤，都採用S形串法，烤出來的魚身較顯得姿態美，稱為姿燒）、雞肉串燒、烤沙丁魚、醬燒秋刀魚、烤鰤魚下巴、油魚西京燒、薑汁燒肉等。

．**揚物**：「揚」是指油炸，以明蝦天婦羅（包含裹粉再炸的明蝦、地瓜片、青椒片、茄子片等，有時還會加上炸芋頭片、炸紫蘇葉等）最常見。其他揚物還可安排東寺揚（甜蝦包捲海苔片後油炸）、鮮貝一口唐揚、香脆竹筴魚骨、酥炸軟殼蟹、炸豬排、香酥牛蒡海苔卷等，唐揚（炸雞）雖然源於中國，卻已是每家店都必有的菜色，也跟中餐的炸雞方式不同。「唐揚」是一種炸法，指把小魚或雞肉直接油炸，或者蘸一層薄薄的小麥粉就油炸，在日本，由於唐揚最常見的炸物是炸雞，所以一

小份量的鮭魚蒸飯，是日本料理的飯類首選。

般稱「唐揚」時，大家都直覺認為是指炸雞，因此如果有「鮮貝一口唐揚」這種菜色，指的應該是直接炸鮮貝，而不含雞肉。

．**酢物：**涼拌菜色，去除油膩，常見的是魚貝或海藻、蔬菜盛盤，淋上味噌醋。例如章魚酢、柚子酢大根、酢漬黃瓜等是常見菜色。

．**飯：**如小份量的鮭魚蒸飯等。視價位而選擇是否使用價昂的食材。除了飯，有時也可上粥，例如松茸釜飯、魚子醬海膽蒸飯、烏魚子蒸飯、鯛魚五目蒸飯、鯛魚茶泡飯、鮭魚茶泡飯以及香魚雜燴粥等。其中，松茸釜飯常被用於懷石料理，「釜」就是鍋的意思，一人份則是以可愛的小鍋為盛具，而松茸是最具秋天代表性的食物，只是價格頗貴。此外還有飯糰和烤飯糰，而像鮭魚卵軍艦壽司、海膽握壽司等壽司、握壽司也屬於飯類，並不屬於生魚片類。

・**吸汁、汁物（止椀）：**湯品，搭配飯一起上桌的常是味噌湯（味噌汁）。如果有香之物同時端出，可挾著搭配飯吃。這類菜色還有蔬菜沢煮吸、赤出汁（紅味噌加豆腐、蛤蜊、若芽即海帶芽等）、小豚汁等。

・**香之物：**醃菜，又稱新香，台灣有些日本料理也寫成香物。如紫蘇梅番茄、醃漬紅白蘿蔔、醃漬和風洋蔥、中華風味榨菜干貝。

・**蒸物：**如茶碗蒸、土瓶蒸、酒汁蒸鱈魚、蒸鰻魚春菇、扇貝牛奶蒸、酒蒸蛤蜊等。

・**口取：**佐酒菜，搭配飲酒的重口味菜色。例如串燒、手工雞肉丸、醬煮和風雞肉、金平牛蒡（「金平」一詞源自江戶時代坂田金時之名，所採用的烹調方式是以醬油、味醂、料理酒、糖等來炒煮根類蔬菜如牛蒡、紅蘿蔔，最後撒上白芝麻，味道微甜）。

・**果物：**季節水果。

在招待的宴席上或一般日本料理餐廳裡，不一定會備有蒸物這類，也不一定會看到「口取」這類，如有蒸物類，主要是希望讓客人品嘗到食材鮮味，也有更多消費上的選擇。至於口取就是下酒菜，一般餐廳的菜單之中並沒有這一類，因為下酒菜多平均分布在開胃菜、煮物、燒物、揚物等類別裡，並非餐廳沒有準備；如果不確定哪道適合當下酒菜，可向餐廳詢問。

料多味美的茶碗蒸老少皆宜。

第七章。

品味日本茶道

中國茶藝流傳到日本後相當受到喜好與重視，衍生了茶道。日本專對綠茶發揚光大，茶主人從一扇又小又矮的門，跪鑽入室，頷首低眉，以沉靜平和之心沖泡一杯茶給客人品嘗，那種專注和謙卑奉茶的精神，值得品味、領會。

之一。

中國茶道傳入日本，抹茶盛行

日本茶道和中國茶道、茶藝，究竟有什麼不同？這必須從中國的品茶文化歷史說起，才能了解中國茶道是全面的、完整的、涵蓋各種茶的文明歷程，有如大千世界，從貴族遍及平民百姓，文人尤愛品茶，可說是生活禮俗的一環；而日本茶主要鑽研抹茶濃薄精華，早期為武士服務，出家人尤愛品茶，倡導茶禪一味，也可說是武士精神、坐禪精神融合於一。

源於中國的品茗文化

茶樹原產於中國，根據秦漢時代《神農本草經》的推論，早在神農時代，即距今約四、五千年前，就已發現茶樹、茶葉的存在，做為藥用，後來流傳到日本等世界各地。

從藥用到羹飲，東漢末年至三國時期，茶葉在中國已被當做飲料；至中唐時期，茶藝宗師陸羽著作《茶經》一書，把喝茶提升到品茗尋趣、淨化靈性的境界，當時採取的是與水同煮法。

中國人喝茶仍多採壺泡法。

宋代改進為點茶法，煮開水，沖調茶末，蘇軾等文人帶動品茗文化，奠定中國文人茶的發展路線，帶動文人茶的抬頭。除了以鬥茶為樂，更推動以品茗為主的生活四藝：掛畫、插花、焚香、點茶。元、明朝起，「炒菁法」出現，製茶工法從此延續至今。

清初茶人重視茶壺，宜興砂器成氣候，康熙之後，朝廷普遍好飲茶，飲法多元化，蓋碗式、工夫茶法盛行。至今先後經過烹茶、點茶、泡茶以及現今手搖茶、冷泡茶兼容等不同發展階段。

來自華北、廣東語音系統的「茶」發音是「cha」，隨從此一唸音的國家包括了日本、朝鮮、印度、土耳其、希臘、俄國、波蘭、葡萄牙、阿拉伯、伊朗、阿爾巴尼亞以及蒙古、西藏等地。來自福建閩南、廈門語音系統，把茶發音唸作「te」、「ti」的則有南印度、斯里蘭卡、荷蘭、英國、德國、義大利、西班牙、匈牙利、法國等。

抹茶道之最 點茶法

日本的抹茶既源於中國北宋時期，先來了解何謂「點茶」法——茶瓶煎水達到一定火候，再注入碗盞中，即「點茶」。餅茶磨碎後，沖熱開水，但無法充分調合，因此必須用茶筅（音ㄒㄧㄢˇ，特別的圓筒竹絲帚，似竹製的迷你打蛋器，竹子切成細刷狀所製成）在碗中打勻。日本茶道沿用此法，乃是自榮西禪師傳到日本演變而成。

點茶程序如下：

一、**炙茶：**茶餅在微火上均勻烘焙。

二、**碾茶：**使用碾磨工具把小塊茶餅碾成粉末。

三、**羅茶：**進一步把茶粉過篩，得到點茶用的末茶。

四、候湯：煮水。

五、熁盞：用開水預熱茶盞。

六、調膏：投茶末少許入碗，注少量沸水，用茶筅調茶至膏狀。

七、擊拂：注湯四分滿或六分滿，用茶筅快速攪拌均勻。茶筅依竹穗根數的不同，分為從十六本「平穗」起算的多種不同規格產品，八十本立使用起來就不錯了，百二十本立更比百本立、八十本立要把抹茶打得更快呈現細緻的泡沫，價格也較貴。

八、品飲。

右圖：泡茶師入室，先行致禮。

左圖：日本人喜愛使用鐵壺泡茶，茶汁更純淨。

之二。

日本抹茶道、煎茶道的歷史與文化

日本茶葉史的開啟，早於平安時代、西元八〇五年，傳教大師最澄從中國天台山國清寺把茶樹種子帶回日本，種植在京都比叡山，同時開創日本天台宗；西元八三〇年，慈覺大師圓仁在埼玉縣川越市建造無量壽寺北院（現已改名為「喜多院」）、中院（又稱「佛地院」，正式名稱為「天台宗別格本山」）與南院，將茶種從京都移來，種植在中院，中院就此成了狹山茶的發源地。

抹茶道 茶禪文化的成型

日本鎌倉時代開始，禪宗之下的臨濟宗開山祖師榮西禪師（西元一一四一年至一二一五年）在宋朝社會學習禪宗五年後，深深體會到茶、禪可合而為一，一一九一年攜帶茶種回日本，在九州平戶島古江灣上岸，就開立道場設禪規，著作《喫茶養生記》，後來發展出日本禪的茶道，寺院茶禮成型。

榮西禪師把茶種分別在三個地方種植成功，其中平戶是日本古代往朝鮮及中國的門戶，立有榮西禪師植茶的紀念碑；最著名的則是接近京都的宇治地區，後來受室町時代第三任幕府將軍足利義滿（西元一三五八年至一四〇八年）垂愛，宇治茶成為高級綠茶代名詞，抹茶道也就比煎茶道更受到重視，同時發展出在仿唐風書院式建築內飲茶的風氣。

日本室町幕府第八代將軍足利義政在任時，一四六七年至一四七七年在京都發生諸侯

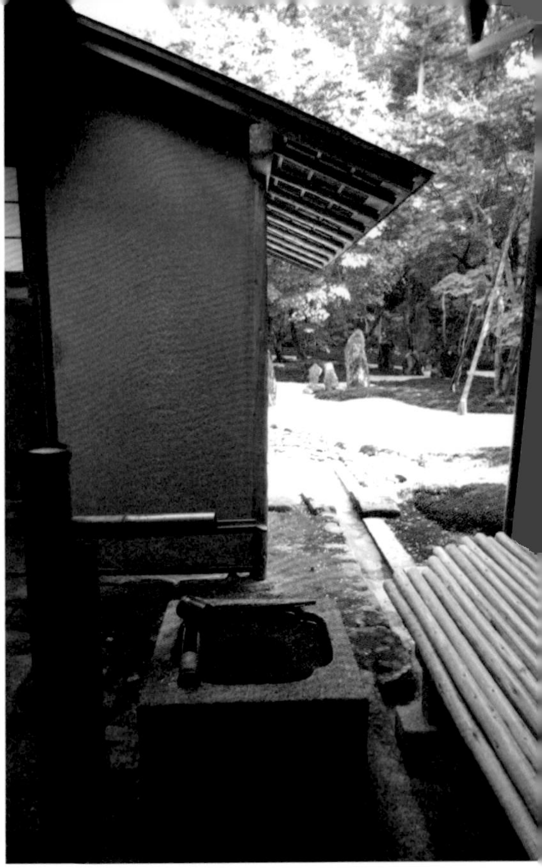
茶室後方通常有汲水取水處，發思古幽情。

內門的「應仁之亂」，戰火燒毀了眾多的華麗建築、器具，知名禪師一休的高足村田珠光（西元一四二三年至一五〇二年）首創了「四鋪半草庵茶」（註：四張半榻榻米，小間，四張半以上的茶室稱為廣間），被稱為是追求質樸修禪美好境界的「侘茶」（wabicha，「侘」有幽靜的意義）始祖，提倡日本茶道「謹、敬、清、寂」的「侘茶」精神。

恭謹飲茶 一期一會

武野紹鷗（西元一五〇二年至一五五五年）是位具有審美意識的連歌（傳統詩句）師，也是一位茶壇名人，他透過書法、茶道具、插花、禮儀來表現茶道，奠定「茶禪一味」一詞，活躍於安土桃山時代的茶人幾乎都是他的弟子，最有名的正是本名千宗易的千利休（西元一五二二年至一五九一年）。統治者織田信長、豐臣秀吉先後重用千宗易如同茶道國師，一五八五年豐臣秀吉在皇宮開設茶會，由千宗易向正親町天皇獻茶，「利休」是天皇賜給他的居士號，千利休專注發揚，把茶湯文化推廣到極致，推動茶室中的茶會，主客都以謙敬的態度來飲茶。而在戰國時代，茶道是武士必修的定心課程。

千利休師徒提出「一期一會」理念，意味著一生中僅有這麼一次相會，呼籲珍惜每次獨一無二的的茶會，符合茶禪體悟的概念，而主人也把每次的茶會當作是人生最後一次茶會來用心地、慎重地辦理，務求完美。

千利休把「唐物」（唐朝茶具）改為「和物」（日本陶製茶具），將「謹、敬、清、寂」改為「和、敬、清、寂」四規，追求內心平和寂靜的境界，並且提出七則：茶的濃淡、水的質地、水溫的高低、火候的大小、爐式和方法、煮茶的燃料、茶室的布置、插花（依時節及意義安插鮮花），被後人尊為「茶聖」。

三千家 日本抹茶道的中樞

千利休因為拒絕嫁女以及茶具生意做得太大、又塑雕像等等事件惹怒豐臣秀吉，被迫切腹自殺後，次子少庵傳承茶道，第三代千宗旦繼承志向，終生不仕地專心於茶道。宗旦去世後，第四代三子江岑宗左承襲了茶室「不審庵」，開闢「表千家」流派，四子仙叟宗室則承襲了他退隱期間的茶室「今日庵」，開創了「裏千家」流派，至於二子一翁宗守另在京都的武者小路建立了「官休庵」，開建了「武者小路」流派茶道，就總稱為「三千家」，四百年來蔚為日本茶道的宗師與中樞，而在三千家以下或旁系，仍有其他不少流派。

- **表千家（おもてせんけ，omotesenke）：**不審庵，千利休之孫宗旦的三男江岑宗左所創，宗家位在京都市上京區小川通寺的內通上，坐擁象徵表千家的茶室不審庵（ふしんあん，fusinan），擁有傲人的家世。

特點：保留簡樸閒寂品茶的正統風格，全心全意追求美的境界，傳承自千利休的貴族華麗底蘊很深厚。表千家使用的茶筅是煤竹，在喝茶前將茶碗逆時針轉動，喝完後順時針轉回；女性茶人使用的手帕顏色為素淨的朱紅色，茶風傳統而穩重。

在一疊榻榻米（一張的長度）上要走六步，舉步的習慣是右腳進、左腳出。

- **裏千家（うらせんけ，urasenke）**：今日庵，宗旦的四男仙叟宗室所創，今日庵和表千家宗家接鄰，目前是茶道諸流派中最大的流派，表現活躍。

特點：茶道平民化，約占日本茶道人口的半數以上，奉行千利休的「七則」，以身心感應大自然的四季變化，熱心地以茶待客。裏千家使用的茶筅是白竹，喝茶前將茶碗順時針轉動，喝完後逆時針轉回；女性茶人使用的手帕顏色基本上為素色或略帶圖案的粉紅色；茶風自由清新，在薄茶席的點茶時，會打出豐滿的

一茶一會，敬謹以待。

泡沫而覆蓋住茶的表面，相當特別。

在一疊榻榻米（一張的長度）上要走四步，舉步的習慣是左腳進、右腳出。

・**武者小路千家（むしゃのこうじせんけ，musyanokoujisenke）**：官休庵，宗旦的二男一翁宗守所創，宗家位在京都市上京區武者小路通小川東入處，這也是武者小路千家名稱的由來。

茶席上，泡茶師專心致志並體現美感。

特點：使用的茶筅是黑竹，注重官窯樂燒的茶碗鑑賞，也注重自然風味的茶庭，例如青苔、灌木、綠草植被的空間野趣。

日本茶道流派傳承「家元制度」（いえもとせいど，iemoto seido），即由世襲的家元（流派領袖、掌門人）領導該一流派的茶道技藝傳承，對於學生的入門或晉級，有權發給「免狀」或「許狀」（證照）。而在流派底下，學生系出名門，獲得啟蒙與精進，進退有據，除非有重大理由如出國留學、工作調動而搬遷到遠地，不會說停課就停課，嚴師出高徒，師生間的態度是很嚴謹的。

煎茶道 壺泡沏茶的風雅

煎茶道比較接近目前中式的泡茶方式與文化。中國明清朝代壺泡茶道興盛，日本茶人受到影響，加上抹茶道已有的禮儀規範，形成了新的「煎茶道」，鼻祖是高僧隱元隆琦（西元一五九二年至一六七三年），把明末士大夫壺泡沏茶的風雅帶入宇治萬福寺，這裡也就成為煎茶道的總部；後經柴山元昭（西元一六七五年至一七六三年）、田中鶴翁、小川可進等人的推廣，煎茶道樹立地位，到了江戶時期，大鳴大放，與禮法繁複的抹茶道分庭抗禮。

煎茶茶席程序如下：

・**待合**：迎接，欣賞掛畫等壁上的裝飾、茶道具。

・**席入**：入席，主客致禮。

・**布炭**：布置好煎茶的道具（愈高級的茶品如玉露，使用的茶具也愈小、熱水溫度愈低，約60度C，其他則約70至80度C）及茶點、炭火。

・**取茶點、飲用第一泡茶**

・**食用茶點**

・**飲用第二泡茶**

・**退席**：主人收拾道具後，主客致禮。

使用日本鐵壺沖泡煎茶，是上乘享受。

之三。

赴一場茶席，品味日本抹茶道

日本茶道的抹茶茶席，一般區分為二：濃茶、薄茶，在以茶為主的茶懷石上，把濃茶、薄茶的正式茶會稱為「茶事」，當招待一室多位賓客入席時，會端出薄茶以及搭配薄茶的乾餅類和菓子（乾菓子）；依照場合的正式程度，也可奉上濃茶，當然同樣會搭配乾菓子，這種茶會，日本人稱為「大寄」。

單只是茶會的話，分為薄茶席、濃茶席，分開進行。但若是茶懷石，程序則如下：

- 待合：迎接
- 席入：入席
- 初座 懷石料理 初炭 主菓子
- 中立
- 後座 濃茶 乾菓子 薄茶
- 退席

即使在小間茶室，仍講究掛上精緻的擺設和字畫，插花也合季節，不但彰顯主人的身分、地位，還要配合客人的身分。抹茶茶葉以宇治茶為主，磨粉後沖泡為抹茶，鮮綠色的茶盛裝在黑色陶碗中，禪意清幽，客人雙手捧碗，以順時鐘方向轉二至三次為一圈，觀湯色、聞茶香，分三口喝完後發出讚歎聲致意。

從武家茶代表「鎮信流」看抹茶道

以下以武家茶代表「鎮信流」為例，說明抹茶茶道、茶會的文化意涵。鎮信流茶道屬於「三心茶會」，所謂三心茶會，指的是平戶茶會三個流派所合辦的茶會，包括鎮信流茶道、

上圖：在庭園涼亭泡茶，享怡靜之美。

下圖：茶室氛圍以清雅為上。

表千家流、江戶千家，最高精神領袖是平戶松浦家第四十一代、鎮信流茶道傳承第十三世宗家（宗主）的松浦章。

鎮信流茶道以泡茶來訓練武術精神，專心、注重細節、集中心神、以靜制動，平日修身養性，應戰時化解危機致勝，傳朝遞代，力行於每日生活裡，全然是深植靈魂裡的信仰。茶道旨趣是城主謙卑服侍功臣、宣慰武士，沿自於中國宋代的綠茶，比明朝炒菁的煎茶還懷古。

鎮信是城主之茶道，千家是表演給諸侯賞飲的服務，層次不同。承繼鎮信流茶道傳統演泡程序，舉辦三心茶會，意義在於教導學生子弟不忘本，置身於庭園涼亭泡茶，專心致志於茶道本身，泡茶者與賓客，都沉澱思緒，內心平和，與身處環境的松風、暖陽融合，展現出樂活當下的怡靜之美，構成了一整年裡難能可貴的「一期一會」靜穆修為。

九州平戶島上的平戶市，是日本本土最西端的城市，也是日本對外貿易的重要門戶港，南明抗清名將鄭成功的母親是當地人，他出生於海邊，六歲之前都跟著母親住在平戶。江戶時代，德川幕府實施鎖國的海禁政策，一六三三年頒布第一次鎖國令開始，長達兩百年以上，直到一八五四年美國海軍軍官培里率艦叩關為止；鎖國時期，幕府只准荷蘭人及明末至清朝期間的中國人在長崎港開館貿易，位於長崎縣西北部的平戶市，遂從燦爛歸於平淡。

統治平戶的第二十九代藩主松浦鎮信，專心內政，獎勵興學，促進農漁生產，創立「鎮信流」茶道，以教門下武家，並傳平民百姓，鎮信流茶道乃流傳於日本貴族社會中。

至一八七一年，政府實施廢藩置縣，平戶

藩被廢除，改設置平戶縣，後被併入長崎縣，時值第三十七代宗主松浦詮，雖失去藩主地位，但仍致力於文教事業，一八八〇年設猶興書院，教習漢字、歷史、數學等教育，現今為縣立猶興館高等學校，與建城已逾三百年的平戶城相映，守住八百年來的鎮信家傳統。

濃茶席 源起於霸氣的武士茶

濃茶席又稱武士茶，可三至五人共飲一碗茶，表徵同甘共苦，生死與共，通常在出戰之前必辦濃茶席，茶室總會簡樸地順手插上一支當季花卉。松浦家自古雄霸一方，為彰顯霸業氣勢，宣明、奠定領導地位，或為拉攏結盟，或為恫嚇退敵，不戰而先屈人之兵，在茶席布置上須心戰取勝來使；松蒲第四代時傳家的一整組珍貴骨董，就結合豪華的茶碗、器皿呈現，再加上與延平郡王鄭成功的淵源，故而陳列鄭成功所致贈的花器，下方置有古琴，意謂著文武兼備。

在濃茶席上奉茶時，受茶者須接過茶碗與手帕，先喝一口，接著再分給左側的兩人分兩次喝完；第一人喝過綠茶後，以手帕擦拭啜飲之處的碗口茶漬，傳碗給第二人，第二人也同樣飲過、拭過再傳給第三人。

三人一組中的第一位受茶者，地位較重要，他是試茶者，從高濃度的綠茶（抹茶）裡辨識宗家每年五月僅手採一次的當年綠茶品質，如果質佳、沖得完美，可多飲一、兩口，第三人則可把茶中的綠茶飲完，以示讚賞。

薄茶席 至美至情的茶交流

赴薄茶席，只見泡茶者（主人）從室內後側的小門裡進入榻榻米席，跪著彎腰行躬禮，助手則從拱形的拉門進退；泡茶者腰間塞有布

即使是戶外薄茶席，很多賓客仍和服盛裝出席以表敬重。

巾，細心擦拭茶匙，再左手取小杓，右手掀壺蓋，舀起綠茶粉入碗，沖熱水後攪勻，依順時鐘方向輕轉茶碗，把碗上有花樣的一面對著客人，端詳滿意後送出；受茶者飲茶後同樣輕轉兩次茶碗，把有花樣的一面對著主人，然後遞回跪坐著的膝前。賓客因茶交流兩相歡，恭謹，是傳達著心懷的隆重。

最後，泡茶者把自己選用的茶倉、茶碗等茶器呈交飲者欣賞，一柄琥珀茶匙溫潤著歲月光華的煦澤，審美眼光的優選，贏得交心的嘆息！泡茶者亦視當天庭園內的開花植物和天氣、心情來取花布置茶席茶室，如同懷石料理的應合時序節奏，自然、了無心機，最是見機於無形，這份美，繞樑不去。

右圖：鎮信流茶席注重禮敬接待之儀。

左圖：茶席前後的午餐便當以鰻魚為主菜，以示高檔。

之四。

品味茶席時應注意的禮儀

出席普通茶會時，身為初學者，只能有樣學樣，見對方用什麼樣的姿勢行禮，自己也同等回禮；再者就是模仿旁人，尤其是資深茶人的舉動。赴一場茶席，要注意的基本禮節如下，只要參加過抹茶席，就會留下深刻的印象。

赴會前 穿著正式提早到

・**穿著正式，勿缺席：**各流派家元通常在十月末到十一月上旬會舉行年度茶事，把五月新採的焙乾茶葉放入儲存茶壺，轉動壺口的石臼裝置，磨成抹茶，篩選後去蕪存菁，然後定下茶席日期，進行品嘗濃茶、薄茶的茶席。應邀或報名了就應該如期赴約，若茶席邀請卡上未註明穿著和服，雖然可以穿著一般服裝，但也應穿得正式合禮，避穿暴露或髒汙、邋遢的服裝。

・**提早十五至三十分鐘到場報到，準備入席：**在日本人的觀念中，如果約定時間是十點，那麼提早五分鐘至十分鐘算是準時；提早十五分鐘以上才能稱為提早、早到；如果十點才到，會被認為不是很重視這項約晤，手忙腳亂；十點以後才到更是完全遲到、失禮。

茶會中 正客為賓客之首

・**如未被受邀擔任正客，不可坐上正客位置：**正客是茶會上最高位的客人，可說是客人的代表，必須和主人對應問答，如果沒有豐富的茶道知識和技巧，會出洋相。

· **盡量不要坐在正客旁邊或末座：**正客旁邊的位置，有時要隨著正客回答問題，非此道中人，可能會出現不相稱的言行，有失禮法；至於末座，雖然看似不重要，但在「大寄」茶會上，由於濃茶加上薄茶進行，時間較長，主人認為禮數應較周到，有時會詢問末客對茶會的想法，如果無法對答，也會出醜。至於坐在其他中間位置，萬一不懂應對的程序和細節，還是可以偷偷模仿身邊的茶客，不至於難堪。

· **扇子勿隨意擺放：**進入茶室時，先在入口的座席前把扇子放置前面，待坐好之時，再將扇子往房內向前推到就定位，試著兩手握拳往前伸直，就把扇子放在這個定點，預留手膝部的活動空間；如果茶會未規定攜扇，則可省略。

· **接物要有禮：**接過茶倉等茶具欣賞時，要先躬身為禮，再雙手接物，舉在眼睛平視的

上圖：戶外茶席的氣氛比較輕鬆。
下圖：泡茶師煮水準備點泡抹茶，態度莊重。

高度欣賞，並且發出讚美之聲。

・**談話禮節：**交談內容為輕聲細語地談與本場茶席有關的茶道、養心，不得議論家務事、政治、他人是非。

・**取用甜點：**當一盤甜點（和菓子、乾菓子）傳到旁人時，聽到他說：「お先に（先行使用，osakini）。」並取走一個，你就可以學著在面對甜點傳來時也同樣說聲：「お先に。」然後取用一個。

一整盤的甜點會準備足夠人數的份量，如在甜點中有一個長得不同，很有可能是裝飾用，不是給客人食用的，注意不要拿錯。甜點由正客先拿取，也必須由正客先吃，其他人不可以在正客動口之前就先行食用。如果是煎茶茶席，在煎茶未來到面前時，不可食用甜點；如果是抹茶茶席，則要在茶來之前就把甜點吃完，如果不記得該怎麼辦，就看正客怎麼做。

茶席中的甜點的確非常甜，還是應該要吃，萬一真的受不了，可趁主人不注意時，把它包進懷紙裡，最後攜出場外再丟掉；切忌吐出、包紙後就放在主人看得到的榻榻米席上，甚至脫口抱怨，或做出吐舌頭、鬼臉、皺眉等表情，很不禮貌。最後一個拿取甜點的人，要把盤子向右轉成相反方向，還給主人。

・**起身時，右腳先：**注意不要踩在榻榻米邊緣或兩張榻榻米接合處，以免斷裂。

赴茶會的自備用品

在茶會茶席中會看到的最基本茶具，包括冬茶碗、夏茶碗、棗子、建水（洗茶杯用的容器）、茶筅、茶杓、茶巾、色紙箱、抹茶二十公克，身為茶客，應該自行攜帶赴會的用品如下：

・**懷紙：**承接糕點用，可買素色或有花繪圖樣的。

・**懷紙夾：**用來放進懷紙的扁扁布包袋。

・**牙籤及牙籤套：**食用甜點時用，如果甜點是饅頭（與中式饅頭不同，是一種小巧的和菓子），可用手剝，其他甜點則可用牙籤切成適合的大小再入口。吃完應把牙籤放回小硬紙套內，自行攜走丟棄或處理。牙籤在此作為刀叉使用，千萬不可用來剔牙。

・**扇子：**通常為木柄的紙扇，比一般的扇子小，應在茶道具專門店購買。

・**小絲巾：**擦拭茶具和茶碗的灰塵時所用，依流派的不同，形、色也有所差異，並分男用、女用，應了解清楚，再在茶道具專門店購買。

如對日本茶道有興趣，可在前往遊覽京都、平戶等茶道重鎮時，先查詢有無針對外國人、短期停留人士開設的茶道班，以及詢問有無可參加的茶席，就能實際體驗了。

上圖：武士精神的濃茶，以同喝一杯茶凝聚士氣和情誼。

下圖：抹茶口味的茶菓子，是茶席上很適配的主菓子。

日本茶葉的種類與特色之五。

綠茶是不發酵茶，隨著製法不同區分為蒸菁綠茶和炒菁綠茶之分。台灣以三峽茶區最聞名，光復後至一九八〇年代，文山地區及三峽少部分地區所產的蒸菁綠茶專銷日本，當時台灣人喝不慣，不愛喝；三峽地區採炒菁綠茶方式製作的稱為龍井茶，以內銷為主。

台灣製茶都採炒菁法，喜愛有發酵程度的茶，包括：

- **輕發酵茶（又統稱清茶）：**清茶（四季春、金萱、翠玉）、包種茶、香片花茶、清香高山茶、清香凍頂烏龍茶，發酵程度15%，茶湯綠黃色，散發清雅花香。
- **中發酵茶：**鐵觀音、武夷茶、紅水凍頂烏龍茶，發酵程度30%，茶湯黃紅色，花果香。
- **重發酵茶：**白毫烏龍，發酵程度70%，茶湯紅色，熟果香。
- **全發酵茶：**紅茶，茶湯為深紅色，麥芽糖香。

以不同方法製作的綠茶，左起為普通煎茶、釜炒玉綠茶、蒸製玉綠茶。

講究的抹茶製程

日本人喜愛抹茶、煎茶等綠茶，所含的葉綠素、兒茶素較高，茶湯綠色，帶有茶菁香。製茶法有揉捻機、水乾機、乾燥機等三套系統，以蒸製玉綠茶的製程為例，兩層機的用途為上蒸、下炒菁，程序是蒸熱→粗揉→揉捻→中揉→乾燥→連續炒茶→取得茶末茶粉。

製作抹茶，從栽培到採摘都很講究，茶園必須特別注意管理，幼葉以稻草覆蓋保護至成株，好的抹茶只採取每年五月的春茶製作，在採摘前的二十天，必須在茶樹上面搭棚遮蔭，因而也稱「覆蓋茶」。所採嫩葉蒸菁、風冷、乾燥後，即成原葉碾茶，碾茶再精製拔莖後，製成薄葉；薄葉再以石磨磨出翠綠色的粉末，就是抹茶。因在過程中不致氧化、發酵，故能維持翠綠的原色，專供茶席使用，茶湯顏色鮮翠，被視為綠茶上品。

炒菁綠茶製成的抹茶粉 最為高級

在知名的綠茶產地佐賀嬉野，一年採收三次茶，因地屬較為溫暖的南方，所以四至五月採第一次，六月下旬至七月採收第二次，七月下旬至八月中旬第三次，天氣越熱時的茶量及茶質已不如前兩次。

佐賀一年茶產量兩千噸，其中，蒸菁的蒸製玉綠茶（ぐり茶，gulicha）較生而不熟，帶有草菁味，顏色較炒菁者稍顯翠綠，占75％；釜炒炒菁的玉綠茶占10％，淡甜清雅，滋味及香氣均優，技術難度較高，無法多做，僅一年一次，價格高，鎮信流茶會即用第一次採收的炒菁玉綠茶，正是優質抹茶。此外，普通煎茶占15％。

以往台灣在日治時代製作普通的煎茶銷日，文山地區是主要產地，只有炒菁的綠茶才能製作抹茶粉，蒸菁綠茶帶有苦味，足見炒菁綠茶是最高級的。

炒菁綠茶製茶程序如下：

一、**入菁**：定時定量，穩定地把新採茶葉投入生葉控制機，才能使味與質一致。

二、**炒菁**：炒菁機的上下層溫度都是攝氏三百六十度，全自動控溫控火，以順時鐘方向翻拌到炒熱。

三、**揉捻**：揉成細條狀

四、**乾燥**：這一關類似台灣的烏龍茶製程，生葉五斤製成一斤乾茶葉，如果不揉捻就直接做抹茶，乾燥茶粉吃起來會有海苔味；如採靜置發酵至熟的作法，揉捻完成的碎葉也可做成紅茶。

常見茶品　覆蓋茶玉露最優

日本綠茶品種可以分為覆蓋茶旗下的玉露、覆蓋茶、碾茶以及煎茶旗下的煎茶、玉綠茶等，另外，番茶也是常見的茶品。

・**煎茶**：日本生產的茶葉中，80%為煎茶，新茶葉被採摘後，上用高溫蒸汽蒸菁十五至十六秒，經揉捻、烘乾製成，茶葉呈針狀。鮮、香、味、色俱全。

・**玉綠茶**：產於九州地區，炒菁後茶葉形狀捲曲，帶有柑橘、青草、漿果、杏仁的微妙香氣。

・**覆蓋茶**：將茶樹用稻草、冷紗覆蓋後栽培出來的茶葉，比玉露略遜一籌，可與玉露混合製成高級煎茶或普通玉露。

・**玉露**：在茶樹出新芽的時候，用蘆葦、稻草把茶園覆蓋起來，有如不透光的溫室，費心照顧，使茶葉顏色更翠綠，茶香味更濃，屬於高級茶。

・**碾茶**：栽培方法比照玉露，但製作工藝上有差異，茶葉在蒸菁後不採用揉捻技術，直接烘乾而成。碾茶通常不直接飲用，而是磨成粉末，製成抹茶。

・**番茶**：在以上茶品以外，使用綠茶樹的第二次、三次採摘後的茶葉，經二次加工即焙火，製成煎茶，也稱為粗茶、焙茶，又稱「晚茶」，有些會加入炒過的玄米而製成玄米茶，湯色為黃褐色；日本人相信它具有去油解膩的功效，因而供作日常沖泡飲用，也有不少主婦拿茶湯替代清水來煮飯，稱為茶飯或茶粥。

・**粉茶**：製作玉露、煎茶過程中所產出的茶渣，可沖泡出較濃的茶湯，稱為粉茶，價格較便宜，常見於壽司店；不宜泡太久，宜趁鮮喝，如果茶葉不細碎，外觀仍鮮綠，就算是粉茶中的良品。

・**雁が音茶**：台灣人也簡稱它為雁音茶，在玉露、煎茶製作過程中剔除的茶梗，如果出現在茶杯中是不太美觀的，就會當作雁音茶便宜出售。

・**玄米茶**：台灣稱玄米為胚芽米。大火炒過的玄米，調配綠茶，另有一番風味，稱為玄米茶，宜用熱開水快速沖泡，攝取它豐富的維他命B1，幫助消除壓力與疲勞感。

玄米煎茶為日本最大宗的日常健康茶飲。

之六。

日本茶葉的產地與特色

日本有所謂公認的三大名茶——靜岡茶湯色最美，宇治茶香氣最勝，狹山茶滋味最濃。以下由北向南介紹重要的茶葉產地與其特色：

・**村上茶／新瀉縣**：新瀉縣北部村上地區是全日本最北邊的產茶區，此地氣候長期嚴寒，只宜栽培適合寒地的混合茶樹，茶葉生產量很少；但在雪中成長的茶樹卻擁有獨特的恬和美味，日照時間短，丹寧含量少，雖為煎茶，卻帶有如同玉露的醇厚甘甜，無苦澀味，因而名聲震動。

・**茨城茶／茨城縣**：茨城縣是東京向東的芳鄰，氣候溫暖，兼具海、山的地理環境與氣候，農業興盛。茨城茶包括了位於最北的久慈郡太子町的奧久慈茶、平坦地域猿島町的猿島茶、古內茶等。生長於山間的奧久慈茶因有短暫卻固定的日照時間，加以日夜溫差大，使茶葉帶有光澤，熟成為香氣極濃郁的茶品；猿島茶是自古以來在關東一帶出貨的高人氣茶品，在縣內生產量最多，濃郁的香味、風味皆美，是其特點。

・**狹山茶／埼玉縣**：早在西元一一九二年開朝的鐮倉時代，明惠上人在靠近江戶（東京）的埼玉縣的川越種植茶樹苗，帶動種茶，並且很多都散種於民宅周邊，讓全境皆見茶樹的埼玉縣成為關東地區的最大茶葉產地。

這些用於製作「玉露」的茶樹，在採摘前一個月必須搭棚覆蓋，降低陽光照射；生長因而緩慢下來的茶葉，葉肉較厚卻柔嫩而水分飽

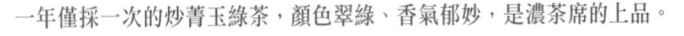

一年僅採一次的炒菁玉綠茶，顏色翠綠、香氣郁妙，是濃茶席的上品。

滿，保留了較為豐富的葉綠素。採茶人邊採摘邊唱：「味道是狹山」，即以狹山茶甘醇濃厚的滋味為傲。手工採菁後，進入蒸菁、烘葉、揉捻、乾燥、精揉過程，最終步驟以「狹山入火」的高溫乾燥方式烘焙，傳承八百年以上的古法工藝一絲不苟，成就了格外芳馥細緻的茶滋味。未遮蔽的茶樹則產製一般煎茶，品質亦優。

• 靜岡茶／靜岡縣：靜岡種茶歷史也追溯自鎌倉時代，名僧聖一國師從中國帶回種子，種植在靜岡市足久保附近，以日本最大茶園牧之原台地的周邊為主。

靜岡為日本最大的產茶縣，不論產量或栽種面積都領先全國，茶園面積即占全國四成以上，產量居全國25%，縣境內除了伊豆半島，處處聞茶香，大部分製作成煎茶，以機器採摘，每段看來都是扁平長條狀的，茶湯呈金黃色，花香氣息出眾，富士山麓、安倍川、大井川、天龍川流域等地區，配合自然環境的不同，分別生產煎茶、深蒸煎茶、玉露等茶。

靜岡茶聞名的茶有天龍茶、本山茶、掛川茶、川根茶、島田茶、金穀茶、奧大井茶等，群芳競艷，較低海拔區的茶葉為了抑制苦味，加長蒸菁的時間，稱為深蒸煎茶，使用八十五度C的開水沖泡，色澤鮮翠動人，喝了讓人滿口生津。

• 白川茶／岐阜縣：白川茶的茶樹來自於六百年前從宇治引進種子而栽種成功的，由於生長在積雪冰冷的環境下，茶味特別清香。

岐阜縣是「美濃燒」發源地，為日本第一的陶瓷器產地，也有人統稱岐阜縣境的茶為美濃茶，尤以從奧美濃地區狹窄山谷間流下來水流灌溉的白川沿岸一帶的白川茶享有盛譽，是清香爽口的煎茶。

・**伊勢茶／三重縣：**日本空海高僧（西元七七四年至八三五年，以諡號「弘法大師」為後人所熟知）於平安時代留學唐朝後，引進茶樹種植，迄今已達千年歷史，明治時代盛行還外銷美國，現也盛行生產覆蓋茶。

三重縣全境種植依勢茶，產量、栽培面積排行全國第三名，主要盛產煎茶，茶香濃厚，飲後猶有餘香。在鈴鹿山麓的東北部生產煎茶與覆蓋茶（遮蔽日光的採製法）；宮川流域的中間山區則產煎茶、深蒸煎茶。

・**西尾茶／愛知縣：**西尾市、吉良町一帶自江戶時代初的元祿五年（西元一六九二年）起，就有種植茶樹的記載，尤以碾茶產量占日本第一，是眾所周知的高級茶。

西尾市得天獨厚，擁有溫暖的氣候和矢作川的河霧、泥土，孕育出色澤深綠、香氣高雅的抹茶，栽培量占全國20%，居日本首位，是全國數一數二的優良茶區，主產於矢作川、天龍川、豐川流域，滋味醇厚而氣韻平和。

・**宇治茶／京都府：**種茶歷史源起於鎌倉時代榮西禪師一一九一年從中國攜回茶樹種子的分種，是歷史悠久的茶葉產地，雖然宇治生產量只是全國第五，卻是人盡皆知的高級抹茶、玉露、煎茶產地，產於以宇治市為中心的京都南部地區。

西元一二三二年栂尾高山寺名僧明惠上人種植的茶樹，開創宇治茶品牌；其後，室町時代，幕府將軍足利義滿建造了「宇治七名園」的名茶園，到了江戶時代，宇治茶已晉身為幕府將軍御用茶，名氣大漲；一七三八年，永谷宗圓打造了現今煎茶製法的基礎，即在焙爐上揉捻、乾燥，依此程序製成的就稱為宇治茶，成就了日本綠茶的宇治版圖。目前，雖然以生產煎茶為主，但卻是玉露、碾茶最具代表性的產地，名聲響亮。此外，也有雁音茶、玄米茶。

宇治茶，古稱「八十八夜」，因為在日本，茶葉一年只採收一次，約在新曆五月左右，此際春天茶葉生長迅速，為了避免陽光照射而產生苦澀味，必須費心呵護，如同溫室栽培，加以遮蓋，使日照時間變短，連著八十八天採摘茶葉的最嫩端製作玉露茶，終使茶葉保持著嫩綠色的芽尖狀，滋味芳香甘甜，茶湯色澤淡綠。

然而「八十八夜」的種植成本太高，目前很多京都宇治的玉露茶已改成六十八夜，購買時宜注意品質與價格。

・**大和茶／奈良縣**：主要產地是奈良縣東部田原町、月瀨村、山添村、都祁村、室生村等地，茶味清甘爽口，香氣優雅。

・**近江茶／滋賀縣**：近江是滋賀的舊國名，滋賀縣被視為日本茶葉的發祥地，西元八〇五年，平安時代訪唐高僧最澄由中國帶回茶葉種子，種於比叡山日吉大社附近。以鄰近京都宇治的地區為主要產地，日吉茶園也就成為日本最早的茶園，滋賀縣擁有日本最大的湖泊琵琶湖，清澈的湖水、肥沃的土壤讓信樂町的朝宮茶屢屢榮獲全國品評會的大獎。

・**八女茶／福岡縣**：西元一四〇六年（明朝永樂四年），日本榮林周瑞禪師落腳中國蘇州靈巖山寺留學，向曾應詔參加編纂永樂大典的靈巖山寺住持南石禪師學習農禪生活，力行參禪、種茶生活的「禪茶一味」修行；回國時，就將靈巖山寺的茶子和佛像經典帶回日本，見到八女市郊黑木町大瑞山的松木蒼鬱，岩石重疊，土地肥沃，種下茶子，取名「八女茶」。每年立春後八十八天開始採摘，用第一批嫩芽製成的茶，細如鋼針，相當名貴，色澤烏黑透綠，苦中透甘，味道醇厚，香氣濃郁。

日本煎茶風行，在各地茶店都很容易購得不同產地的煎茶。

八女茶現為日本全國聞名的名茶，在濃霧瀰漫、氣候涼爽環境下孕育出來的茶品，味道比宇治茶稍重，甘、醇、香兼具，入喉順口，屬高級茗茶，傳統的本玉露更被視為是綠茶中的極品。

玉露的生產量全國第一，茶香濃郁，味甘醇厚，以福岡縣矢部川流域、八女市等地為主要產地；雖以煎茶為主，但位處山間地帶的星野村、黑木村所栽種的玉露，卻占全國產量的一半左右，堪稱全國第一。苦味及澀味少，有濃厚強烈的甘甜味，令人無限回味。

・日向茶／宮崎縣：宮崎舊名日向，雖然近年日本的茶葉銷售受到茶類飲料的影響，已有減少趨勢，但宮崎縣的茶樹卻在極致的美麗景色中展現歡顏，吸引遊客品賞。此地氣候非常適合栽培茶葉，除了煎茶，還有用大圓鍋炒茶葉的「玉綠茶」（釜炒茶），工藝了得，身價不菲。

宮崎縣延岡市北浦町有所謂的「地下茶山」，生產藪北茶，丘陵上的茶田往下形成大圓深凹的山谷狀，碧綠層疊達十一公頃，天堂般的風景於二〇〇二年贏得「農業、林業和漁業部」大臣獎「日本最美鄉村景觀」美譽。

・嬉野茶／佐賀縣：室町時代，來日的唐人在嬉野町周邊栽培茶樹；之後，又傳來鍋炒茶的製法，嬉野茶於焉誕生。多半生產鍋炒茶的玉綠茶，以玉般的圓形茶葉為其特徵。

昔日榮西禪師前往中國宋朝學習禪宗，而後攜帶茶種回日本，佐賀縣脊振山自那時起就種茶，是日本率先種植茶樹的地方。佐賀縣與日式茶道的關係深厚，十七世紀，嬉野成為茶葉的主要生產地，嬉野茶業之父吉村新兵衛窮盡努力開耕闢地，廣泛傳教製作技術，讓嬉野茶盛產綠茶。嬉野茶葉圓而彎捲曲，泛著深綠色光澤，香氣迷人，韻味濃郁，多次在全日本茶業博覽會中贏取「農業、林業和漁業部」蒸捲曲葉茶類別的大臣獎。

現今，嬉野市積極開發新產品，也製作全發酵的紅茶。

• **鹿兒島茶／鹿兒島縣：**生產量僅次於靜岡縣，排行全國第二名、九州第一大。以薩摩半島南部、大隅半島中部為主要產地，知覽茶特別有名。由於地處氣候溫暖區域，是全國最早出產香氣濃郁新茶的產區，主要為煎茶；生長於開闊的大自然中，以香氣清爽、味道醇厚著稱。

知覽茶園的深蒸煎茶，特點是比一般的茶含有更多的蒸氣，茶葉細緻，沖泡後可以立即品嘗到綠茶的茶香及甘甜味，建議每次茶葉浸泡熱水時間不宜長，就能領略綠茶的最佳鮮活口感。

第八章。

香嚼越光米
沉醉日本酒

日本米的品質是世界一等一的，尤以越光米最著名，而日本酒例如純米吟釀也與米有緊密的關係。米、酒不分家，香嚼日本米，沉醉日本酒，適量享用，可以更貼切地感受和風料理全方位的樂趣。

之一。

日本米的歷史與名產地

水稻種植方法早在西元前三世紀繩文時代就傳入日本，到了下一階段的彌生時代，掌握水稻種植技術的人就掌控了經濟命脈，躋身富庶階級，也就開始衍生了地主與農夫的農村型態，信仰、禮俗更是以米來當作豐收、祭祀的主體。

具體的傳入路線是從中國大陸江南一帶傳向日本南部的九州，然後逐漸遍布全日本，因而品種和江南所種的類似，至今大多以粳稻為主，黏性較大、外形圓短的糯稻則適合製作有黏度的壽司。

中國不同品種的米也傳向朝鮮半島，中、日、韓一起變成有吃年糕民俗的民族，日本人喜愛吃優質米，一年收穫一次，只有一成外銷，以米製作清酒、味醂、米醋、米菓點心等等，米跟生活息息相關。

小小米粒 口感各異

日本人、台灣人平日吃飯，都習慣吃外觀圓短、口感黏軟柔糯的粳米，如台灣人所說的蓬萊米，是一九二〇年代日本人在台灣殖民時期種植成功的日本米種，池上米就屬於改良的蓬萊米；外觀細長的是秈稻，如台灣人所說的在來米，是沿用日本對於台灣在地米的命名，也是台灣人早期米飯所吃的米種，具有粉質硬的特點，適合製作黏性較小的米粉、蘿蔔糕、發糕、碗粿、河粉（粄條）、米苔目等；此外，另一主要米種就是糯米，分為長糯米（秈糯）、圓糯米（粳糯），長糯米用來製作粽子、爛油飯（米糕）、年糕，圓糯米用於製作湯圓、麻糬、紅龜粿、酒釀、芝麻球。台灣人喜愛使用黑糯米（紫糯米，另還有阿美族等原住民種植的紅粟米，稱為紅糯米）、白糯米製作點心，也會把在來米摻混糯米增進口感。

在日本，最受喜愛的粳米是越光米；秈稻屬於接近印度米種的泰國米種，用於製作泡盛燒酒；糯米用於製作年糕、湯圓等。

至於一般說的「壽司米」，指的是日本品種粳米的精米，去掉穀糠、胚芽，米粒短小而白，含有較多水分，黏性大，是製作壽司的第一優選，越光米、細錦米都是壽司米的理想米。製作壽司可選用新米、舊米一比一混合而成，舊米（非當季上市新米）硬度高，能讓煮熟的飯粒有彈性、有咬勁，新米口感芳鮮香甜，這樣的壽司米可謂十全十美，只要注意買回新米後，就倒入密閉式容器，存放在陰涼通風的地方，並盡量於兩周內食用完畢，以免長米蟲、發黴。

全日本最好吃的米——新潟越光米

越光米（コシヒカリ，kosihikari）占日本米量的三分之一強，日本是越光米品種（水稻「農林一百號」）的原產地。越光米屬於粳稻，命名「越光」是因為在日本戰國時代，臨著日本海的縣當中，福井縣被稱為越前，富山縣被稱為越中，新潟被稱為越後，均屬於越州（こし國），越光米原產地福井縣、新潟縣的米取名「越光」，意即令人驕傲的「越州之光」，一九五六年登錄命名，黏性強、口感風味佳，自一九七九年迄今都是日本銷售第一的米種，也是外銷的最高級米，價格不菲。

適合栽種越光米的地帶，集中於日本海沿

縣，包括福井縣的嶺北地區、石川縣、富山縣、新潟縣、山形縣庄內等，其中尤以新潟縣魚沼所產的越光米品質最優，價格也最吃香，具有至高的地位，有「飯桌上的珍珠」美譽；在「魚沼越光」當中，又以南魚沼市鹽澤町的越光米獨占鰲頭。

米飯在日本飲食中占有重要地位。

新潟位於東京的西邊，因降雪量大，也有「雪鄉」之稱，文學家川端康成所寫的《雪國》正是以新潟為舞台，越光米栽培成果更比福井還大放光采，被盛讚是全日本最好吃的米，日本最長的信濃川與阿賀野川交錯，流過長條山脈和新潟平原，山泉水質甘醇且富礦物質，形成了得天獨厚的極致好米。

新潟的越光米，Q潤飽滿。以越光米製作飯類料理，想把米飯煮得又香又鬆、晶瑩飽滿，應注意迅速沖洗，把殘留的米糠流掉，再用手掌慢慢搓洗，重複搓洗兩、三次，瀝乾水分；蒸煮時，水的份量一般比米增多一至二成左右。此米是製作壽司飯等米食的上品，未用完的壽司醋飯可放置陰涼處保存，用乾淨的濕布或紗布、毛巾覆蓋，保存濕度，留待下次食用，不宜放進冰箱，以免飯粒變乾。

新潟之外 其他產米地的特色米

日本全國白米產量堪稱第二的人氣米「一見鍾情」（ひとめぼれ，hitomebore）品種，係由越光米改良而來，米粒稍大，含有較多水分，咀嚼後有飽足感，是餐飲店樂於採用的。

吃米也講究系出名門，北海道東川米就很有特色，由北海道最高峰旭岳山頂湧出的天然山泉水灌溉，因而得名「東川米」，二〇一一年起連年榮獲評定特A級，與同等級的魚沼越光米齊名，含有豐富礦物質，黏糯口感不遜越光米，唇齒留香，如果有幸使用大雪旭岳的山泉水來烹煮，簡直口口甘柔噴香。

石川縣產的越光米，生長於青山秀水間，獨有中部靈峰「白山」清冽水源的灌溉，也被「日本穀物檢定協會」評定為「特A」的最高等級。

北海道是日本國境最北端的產米地，台灣人比較熟知的是蘭越町產的最上等米種「夢美人」（ゆめぴりか，yumepirika），米粒飽滿，光澤動人，黏度充足；旭川產的「七星米」口感清爽、黏性佳，適合炒飯、焗飯、便當或做飯糰；農民近年新開發的品種「月夜米」（おぼろづき夜，oborodsukiyo）綿密甘甜，但產量不多。

長野縣八重所產的越光米，獲日本政府評選為二〇一二年度全國最特A級稻米，彈性佳，黏性優，粒粒晶瑩剔透。

由秋田縣開發的品種秋田小町（あきたこまち，akitakomachi），米粒飽潤有彈性，黏度高，最宜製作飯糰、壽司飯。

之二。

壽司、茶粥、納豆飯、米醋、味醂

用優質米來製作美食，美味加分，入口甘香滿足。

壽司（sushi，也作「鮨」或「鮓」）

淵源流長的壽司簡史：

源自中國周朝末年，原意是指酸醃漬成的食物；西元前三、四世紀間的中國漢族辭典始祖《爾雅》釋器篇，可見記載「肉謂之羹，魚謂之鮨」；歷經五百多年，漢朝另一本辭典《釋名》釋飲食品篇，有另一寫法「鮓」，用鹽、米醃製魚肉發酵後剁碎、煮熟來吃；後漢時期（西元九四七年至九五〇年），中國開始流傳鮨鮓這類食品；宋朝年間（西元九六〇年至一二七九年），中國戰亂頻仍，鮨鮓頓成避難的充饑食品，菜蔬、魚類、肉類、貝類，有料即可取材。

西元七〇〇年，正值中國唐朝興盛之年，日本奈良時代的海外經商日本人把壽司排盛在木箱子內，做為客旅的食糧，由中國引入日本，但鮓、鮨已經混用為一，與「壽司」發音相同，來自於日文的「醋（su）」。

一千年後的江戶時代（西元一六〇三年至一八六七年），由於研發出釀造醋，不須等待發酵即可做出壽司，壽司普及成為民生食品，「壽司」的漢字寫法就此在江戶時代定型；壽司店的招牌，關東地區習於採用「鮨」，關西則用「鮓」，倒是明代（西元一三六八年起）之前，中國人不再用米來釀製食物，「鮨」、

「鮓」也隨著消失了。

江戶時代東山天皇時期（西元一七〇〇年前後），壽司在日本廣為流行，壽司裡常見的型態就是握醋飯、搭配生魚片刺身即食的江戶散鮨，稱為「握鮨」（nigiri-zushi），在日本成了最受喜愛的傳統食品、最具代表性的日本美食，可以吃飽，也可以吃巧；「手卷」算是壽司裡的方便改良型產品。

十八世紀時，流連於賭場（日本人稱「鐵火場」，tekkaba）的賭客把鮪魚肉片放進米飯中，用紫菜捲起來吃，不會黏到手指，進而更加流傳開來。發展至今，壽司的型態包括握壽司、御飯糰、卷壽司、花壽司、手卷，食材的運用也更廣泛，主要材料是用醋調味過的冷飯（醋飯），再加上魚肉、海鮮配料，生、熟均可，由廚師搭配，變化繁多。

・**握壽司：**把醋飯握成一口份量的塊狀，

左圖：鐵火卷也就是鮪魚卷，發源於賭場。

右圖：手卷要趁著海苔片乾而脆，上桌即食。

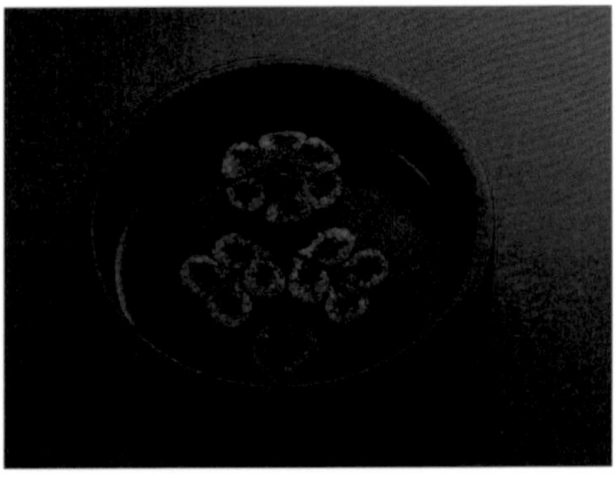

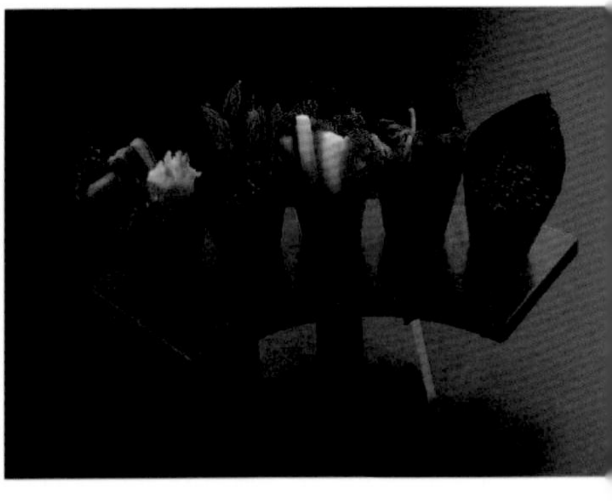

塗少許山葵，鋪上配料新鮮魚片、烤蛋片等。握壽司也被稱為關東壽司，在幕府時代後期，江戶灣現撈的漁獲交由灣前的芝濱漁市批發，為求快速吃到鮮美壽司，用手快捏醋飯成糰狀，搭配金槍魚等魚片就送入嘴，一七八七年之後因「兩國回向院」寺廟舉行相撲運動，寺前的興兵衛壽司店要應付大量觀眾，握壽司爆紅起來，從此取代了東京人原本在食用的押壽司（oshi-zushi），而握壽司也就有了「江戶前」的稱號。

・**卷壽司**：在小竹簾上鋪一張海苔，再均勻鋪上一層醋飯，放上黃瓜等配料，捲起來成為長卷，切片食用。用整張海苔片捲起的，稱為太卷壽司；只用半張的稱為細卷壽司，當然做好的成本小得多，材料有紫菜、黃瓜、金槍魚，口味比較單一，搭配薑片吃；「鐵火卷」是包著鮪魚肉片的卷壽司，從「鐵火場」賭博場所流傳開來，鐵火卷就是在賭博場吃的方便簡易食物；「河童卷」是包著小黃瓜的卷壽司，名稱由來是因為傳說河童喜歡吃小黃瓜；用海苔片把醋飯圈固定，再放上豐富的海膽或鮭魚卵等，看起來體型較大、有立體感，稱為「軍艦壽司」（軍艦卷）；反向用海苔包配料再裹醋飯，最後撒上芝麻或魚卵的卷壽司，切片後稱為「裏卷」。（註：所謂河童（かっぱ，kappa），是日本神話傳說中的生物，有鳥的扁嘴、青蛙的綠皮膚及四肢，只有四根手指頭，背有龜殼，是兩棲動物，頭上一圈毛髮中央是像個凹圓盤的禿頂，盛有象徵精力的水，是牠的弱點，如果河童被騙彎身，將精力全消，小黃瓜是牠最愛的食物，興趣則是和小朋友玩相撲，是喜歡惡作劇的妖怪，不是水神，而是水妖。）

台灣人還把太卷壽司變化為花壽司，裡面

有肉鬆、小黃瓜、胡蘿蔔等多種材料，包上煎過的薄薄蛋皮，甚至還可在包料中自由地加進紅蘿蔔、蘆筍、明蝦、酪梨、蘿蔓生菜、沙拉醬、蝦卵，顏色五彩繽紛，但注意蝦子宜先炸熟後再使用。

·**稻荷（豆皮）壽司**：先把豆皮放入糖水中煮過，像個一面切開的長方袋，塞入醋飯。關東的豆皮壽司是長方袋形的，整體體積較大，關西的豆皮壽司則是三角形的。

·**散壽司**：碗裏盛醋飯，把生魚、蔬菜配料或撒或拌再吃，京都散壽司甚至加入白色小魚，相當有趣；素料的則稱為五目壽司。

·**押壽司**：就是木條壽司、箱壽司，或稱一夜壽司，關西人習慣以長方形押箱把醋飯壓成長方形飯糰，內夾或放上青花魚，食用前切成適當厚度，不必再蘸醬油以免過鹹。米粒經過壓擠，吃起來的口感很扎實，是關西地區京都、大阪一帶的特產，大木盒的押壽司可放進不同生魚片壽司和蒲燒鰻壽司、卷壽司等多種壽司，更是豐盛大餐。而類似的棒壽司，風行於京都一帶，最具人氣的食材是醋漬兩天後取出的青花魚，加醋飯包進紗布裡即成。

壽司的美味祕密

吃一盤什錦壽司，通常順序是先吃生食，再吃熟食，味道應由淡入濃，傳統吃法是把握壽司略蘸一點醬油，一口放進嘴裡，也可以加少許現磨的生芥末；在兩種不同的壽司之間，不妨吃一片醃薑片，恢復味蕾的清爽感受。如果特別想吃某種壽司，如海膽壽司、鮭魚卵壽司，可以點選，或請師傅推薦當日鮮貨。

壽司好吃的祕訣是米甜、魚鮮、鹽勿多。壽司講究吃生吃鮮原則，米飯、米醋、生魚片、生蝦、海膽、魚子、金槍魚等海鮮是主要材料，在蒸好的米飯中加點米醋拌勻，用手捏成長型小飯糰，再抹點生芥末，放上海鮮等食材即可，食材鮮就是美。

在漫畫《將太的壽司》裡，將太經過好幾夜不眠不休的練習，才領悟到要煮出好吃的壽司飯，訣竅就在於以少許的鹽勾引出米飯的清甜芳香。好米好飯是美味壽司的先決要件，在日本吃到的是日本的壽司米款，如果在台灣吃壽司，由於台灣米一再改良，優質已然勝出，濁水溪流域出產的蓬萊米圓潤飽滿，口感極為香Q。

從生米煮成醋飯 怎麼做才好？

自己做壽司飯，從洗米時即需留意，過程中絕不可搓揉，否則會變碎米，緊湊地一遍遍洗到水顯清澈後濾去水分，採一杯米、一杯水，米水一比一的比例放進電鍋或電子鍋，浸三十分鐘，這樣按下開關煮飯時的米粒受熱程度才會一致，當開關跳起時別急著掀蓋，續燜二十分鐘可讓米粒吸水飽滿，正是最佳的壽司飯材料。

接下來備妥天然米醋一杯、白糖一杯、鹽二分之一小匙拌勻成壽司醋，再拌入電鍋內已經煮好的四杯蓬萊米飯，用電風扇吹涼，白飯

自製壽司時要依序擺上食材後捲起。

充分吸收了壽司醋的「汁」味，就是成功的壽司飯。如果沒有米醋，白醋是第二選擇，放涼了的壽司飯才可以用來包捲，否則海苔遇熱回軟，壽司口感馬上打折扣。

茶粥

茶粥，以繼承了奈良茶飯的吉野最為知名，當地人一早都以火焙茶，吃茶粥當早餐，茶飯是指用抹茶或煎茶茶汁煮成的飯，也稱「奈良茶粥」。茶粥的煮法約分兩種，若不是用生米來熬煮，就是把冷飯放到茶汁裡煮滾。

在江戶時代，江戶人習慣早上煮飯，淋上味噌湯食用。大阪人、京都人的早餐是茶粥，藉此處理剩飯剩菜，到中午才煮新的米飯，搭配味噌湯吃，如果早餐時段已經沒有剩飯可用，地瓜（甘藷，日本人稱「芋」）或小麥粉也可以將就著煮茶汁，稱為芋茶粥、麥茶粥。

納豆飯

納豆（なっとう）是日本人常見的、特別擁護的傳統發酵食品，由黃豆通過納豆菌（枯草桿菌）發酵製成，具有黏性，營養價值高，只不過這就像是豆類中的臭豆腐，大部分台灣人都避而遠之。把納豆加上醬油或日式黃芥末，攪拌到呈現絲狀物，放在白飯上食用，是日本人的傳統吃法，納豆含有皂素、異黃酮、卵磷脂、葉酸、鈣、鐵、鉀、維生素、胺基酸等重要養分，有益健康，應注意選購非基改黃豆的產品。

日本人食用納豆的歷史已超過一千年，自中國秦漢時代即製作納豆，中國人偏好的是豆鼓，豆豉在僧家寺院的納所製造後，放入甕桶貯藏，可供平日食用，後來由禪僧從中國傳播到日本寺廟，日本人起初也稱納豆為「豉」，逐漸地改稱「唐納豆」或「鹹納豆」，並且隨當地環境發展出以大醬、醬油替代了豆豉、豉汁。

在日本，堪稱「國寶」的納豆也因各家製作的祕訣而各擅風味，例如一休納豆、大龍寺納豆、大德寺納豆、大福寺濱名納豆、悟真寺八橋納豆，都屬於知名地方特產。

以往，納豆的傳統製法是把黃豆蒸熟，再用煮沸消菌過的稻草包裹起來，讓稻草上耐高熱的枯草桿菌（納豆菌）發酵後，因穀氨酸的作用，產生黏稠絲狀物，轉化為美味和特殊的氣味，這種納豆稱為水戶納豆；二十世紀後期，要取得高品質的稻草不可得，改把蒸過的黃豆加上人工培養的納豆菌混合後發酵，製成納豆。另外，甘納豆與納豆是不同的東西，可製作甘納豆的豆子是大紅豆、大豌豆、花豆、雲南白鳳豆等皮厚的豆子，是煮好的豆子加上糖蜜或麥芽糖而成，屬於甜食。

關於納豆 還能怎麼吃？

可以先將納豆加上醬油或日式黃芥末，攪拌至絲狀物出現，再配飯吃；也有人將納豆和生雞蛋、蔥、茗荷、蘿蔔、柴魚等各種食材一起混合著吃；在北海道、東北地區有時會將納豆和砂糖混合，甚至加上美乃滋吃。

如果實在不太能忍受納豆這種散發著「腐壞的水煮黃豆」氣味，但想嘗試或想吃納豆來照顧健康，不妨加蔥和芥末，有助抑制「納豆氨」刺鼻的氣味。此外，也可把納豆加紅砂糖拌食，或加搗爛的醃梅子果肉，或加優酪乳，或加咖哩，一定能找到讓自己接受的方式。納豆冰過後的氣味會比常溫好一些，建議從冰箱拿出來就趕快吃，不要等回溫了味道會更重。

米醋（こめす，komesu）

日本料理中最常使用的醋，用米加入醋酸

菌發酵而成，酸味柔和，常用來製作壽司飯，有殺菌作用，夏天將醋拌入飯裡，可防止米飯腐敗；醋還可以洗除蔬菜的澀味。此外，也可將牛蒡、蓮藕等易氧化的蔬菜泡入醋水中，保持潔白。米醋以外，還有用小麥及雜糧穀物製成的「穀物醋」，味道比米醋酸，適合做醋漬料理。

味醂（みりん，mirin）

日本料理講究原味生鮮食材，若要做出好吃的道地和風高湯，柴魚片、昆布、味醂不可少，味醂又稱米醂，是由甜糯米加麴釀造而成，所含的甘甜及酒味能有效去除食物的腥味，適用於高湯、照燒類料理等；由於味醂中含有30%的酒精成分，所以大量使用時必須先煮沸，待酒精成分燒除後再行烹調；味醂的甜味雖不像砂糖般濃郁，卻能充分引出食材的原味，例如做照燒類料理時，味醂便是不可或缺的調味料。良好的味醂酒混合了釀造清酒、蒸餾燒酌產物，屬於料理酒的一種，至於普通的味醂酒只不過是使用人工酒精而已，價格便宜，應留意慎選。

通常烹調時加酒能使食材變軟，但味醂卻具有緊縮蛋白質，使肉質變硬的效果，因此如果想要食材軟嫩，就不要太早加入味醂；反之，如果事先加入味醂，就可以防止食材煮糊，烹調時加入味醂更能增添光澤，使食材呈現更可口的色澤。

納豆加蔥和少許黃芥末好入口。

之三。

日本酒的歷史

酒，在兩千年前最古早的農牧社會，是用來祭天酬神的供品，在日本大和時代（西元三六七年至五九二年），《古事記》、《日本書紀》、《萬葉集》、《風土記》等文獻都有造酒史實的記載。

・**奈良時代初期（西元七〇七年至七一五年元明天皇任期內）**：《古事記》有此銘文記載，中國自周朝時代研發麴菌所製造的酒，透過朝鮮半島百濟的歸化人士流傳到日本，奈良時代中後期，不但有以米酒或製酒用的大米（稻米）進貢的記錄，賣酒的酒屋也因應而生。

・**延喜元年（西元九〇一年）初期**：平安時代與中國唐朝往來頻繁，所編纂的《延喜式》（律令施行細則）中就記載用「米」、「麴」、「水」造酒的方法。從中國唐代傳入日本的釀酒技術，最早是用米釀酒，稱為清酒（さけ，sake），而起始地點就在日本天皇所在的京都、奈良，因此，可以說米酒類的日本酒起源於近畿地區。

所謂近畿地區（畿是門限、門檻的意思，古代稱靠近國都的地方為畿，如京畿要地），地理位置在本州中部偏西，由三重縣、滋賀縣、京都府、大阪府、兵庫縣、奈良縣、和歌山縣共二府五個縣所構成，北面是日本海，南邊面向瀨戶內海、太平洋，在江戶時代以前，近畿地區設有朝廷和幕府，曾是日本政治、經濟和文化的中心；對照於首都東移至東京並形成關東地區，以大阪、京都為主一帶則稱為關西地區，但不包含三重縣。

・南北朝時代（西元一三三五年至一三九二年）至室町初期（西元一三九三年至一四〇四年後小松天皇在位期間）：《御酒之日記》中，已出現清酒製造的化學知識。

・安土桃山時代（西元一五七六年至一六〇〇年）：因為製造大桶的技術臻於成熟，以往利用瓶子和酒壺只能少量製酒，從而飛躍跨入大量生產的階段，確立了近代清酒工業的基底，同時期由於面對荷蘭、西班牙、英國、中國清朝等外來文化的商貿衝擊，吸收了蒸餾製酒技術，進而改善技法，推動日本蒸餾酒（燒酎）的製造大業。

・江戶時代初期（西元一六〇三年至一六一〇年）：清酒最適合釀造的季節是在寒冷的冬季，氣溫低，水質冰冷，最適宜釀造清酒，冬天進行釀酒稱為「寒造」，釀好的酒第二年春夏接著進行陳酒。江戶時期以來，一年內可製造新酒、間酒、寒前酒、寒酒、春酒等五輪酒品，冬期「寒造」酒的品質最優，造酒者也已懂得要求低溫、長期發酵等必要的釀造條件。

・明治時代：新政府出兵打仗攻城掠地以求富國強兵，開始課徵「酒稅」，禁止民間自家釀酒造，昭和時期十年（西元一九三五年）年前後，製酒技術提升為近代化，講求效率，也運用機器大量生產。

清酒是日本的國酒，元月十五日成人節當天，年滿二十歲的年輕人穿著正式的和服偕親友到神社祭拜，會飲上一杯淡柔的清酒，表示成年可以飲酒了，清酒很具有象徵意味。

之四。

如何品味日本酒

日本自古來最代表性的釀造酒「さけ」（sake），就是「清酒」，又稱「日本酒」（にほんしゅ，nihonsyu），相對於「濁酒」，「清酒」是過濾後顯得清淨透明的酒。

清酒製程如下：

玄米→精米→洗米→浸漬→蒸米→使用酵母菌製麴→培養酒精發酵的種菌（酒母）→發酵為酒醪→入槽壓釀為酒

製酒的三大要素是米、水、麴菌或酵母。釀酒的米，要比食用米的顆粒還大，富含澱質的米心也較大，有助幫助麴菌滲透而轉化為糖分，使酒質芳香；日本有區分出適宜釀酒的「酒造好適米」以及專門釀造清酒的清酒酵母，比起一般酵母更能發揮作用，使酒的成品濃醇飄香。玄米（糙米）磨去表層後成為精米，精米無雜質，更能吸收水分，蒸米之後，易於澱粉質化，培養麴菌，正是釀酒所需。

依照精米化的程度，清酒如此分類：

·大吟釀（だいぎんじょう，daiginjyou）：精米度50%以下，米的雜質磨掉五成以上，就是清酒中的上品，被喻為「清酒之王」。沒標榜「純米」的大吟釀則有加入釀酒用的酒精。

·吟釀（吟味，ginjou）：精米度60%以下，米的雜質磨掉四成以上，常有股果香味。沒標榜「純米」吟釀的則有加入釀酒用的酒精。

·純米酒（junmaishu）：精米度70%以下，米的雜質磨掉三成以上，原料只有米、米麴和水，米香濃郁。

・本釀造（本造、本仕入，honjouzoushu）：精米度70％以下，米的雜質磨掉三成以上，由於添加了釀造專用的酒精，味道清淡但另有一番風味。

・其他：價格便宜的普通酒、壓榨後不加添加物而保留高酒精度的原酒、未經加熱殺菌而仍保留活性酵母的生酒、綜合啤酒工藝的軟木塞發泡清酒等。

好米好水 釀造清酒的重要元素

適合造酒的「酒造好適米」，比起食用米來，米粒比較大，米中心的心白部分也就比較大，適合釀清酒。水當然要是良質的，名泉最佳，在清酒裡，水占總體積的80％，是米重量的二十到三十倍。

台灣人比較熟悉名為「養老乃瀧」的居酒屋，這名稱出自於位在日本岐阜縣養老郡養老町的揖斐關之原（揖斐関ヶ原，ibisekigahara）國定養老公園內，園裡有高低落差達三十二公尺、寬幅達四公尺的瀑布，養老瀑布的菊水泉是日本人耳熟能詳的「養老孝子」傳說故事，取瀑布的水釀成美酒，名聞遐邇。

木桶裝的清酒常用於祭祀和慶祝，充滿喜氣。

就如同泡茶一般，有好水就有好茶、好酒，水質分為軟水、硬水，軟水中所含的礦物質成分較少，活性不高，發酵速度慢，釀成的酒口感清爽柔和；相對地，硬水中的鎂、鉀等礦物質成分多，發酵活潑，糖分容易分解，釀好的酒口感醇濃辛烈。

日本人有這種說法：「男酒為灘，女酒為伏見。」近畿的兩大聞名產酒區，一是兵庫縣的「灘」地區（今日兵庫縣神戶市東邊海岸地區），享有「酒米之王」美譽，以名水「宮水」硬水釀出帶辛烈味的清酒；另一是京都伏見以軟水釀出柔雅的清酒，分別如同酒中壯士、美女，也各自適合偏好陽剛、陰柔味的人飲用。

江戶時代起，德川幕府把政治中心移轉到江戶（今稱東京），向來很會做生意的大阪商人乃透過船運把酒運到江戶販售，帶動了「灘酒」的興起，成為江戶時代中期以後的好酒代名詞，稱霸江戶酒市。

認識幾款日本著名清酒

日本的清酒消費量僅次於啤酒，全國上千家釀酒坊（酒藏），大部分都是代代相傳的地方性釀酒坊。

日本最有名的清酒，當屬米食王國的新潟縣所產「越乃寒梅」特選吟釀、大吟釀，價格不菲，而同樣是新潟縣產品的「久保田」清酒也十分受歡迎，部分清酒甚至有「季節限定」，要買要快，另外，京都的「一吟」純米大吟釀、北海道的「男山」純米吟釀、石川縣的「西村」吟釀、岡山縣的「櫻室町」純米大吟釀等等，都有名氣。

台灣人較有接觸的是「白雪」、「月桂冠」、「白鹿」、「白鶴」、「大關」、「日本盛」、「菊正宗」等幾家酒藏的產品。

「白雪」是日本清酒最古老的品牌，發源可以追溯到西元一五五〇年，小西家族的祖先新右衛門宗吾開始釀酒，「諸白」是當時最好喝的清酒，江戶時代的一六〇〇年，小西家第二代宗主運酒至江戶途中時，仰望富士山的雪白氣勢，心生感動，因而命名為「白雪」。一九六三年，白雪在伊丹設立第一座四季釀造廠「富士山二號」，打破了季節的限制，使造酒不再限於冬季，任何季節都可造酒。白雪清酒的特色是採用兵庫縣所產的心白不透明「山田錦」米種，釀造用的水則是採用硬水「宮水」，酒屬酸性辛口酒，秉性仍剛烈，因此被視為「男酒」。

標榜「純米酒」代表原料只有米，沒有添加釀酒用酒精。

京都釀製的「月桂冠」，口感清新，甘、酸平衡有餘香，月桂冠株式會社創於寬永十四年（西元一六三七年）三代將軍德川家光時代，創始人大倉六郎右衛門在山城笠置莊（現今相樂郡笠置町）伏見區開始釀造清酒，原來的商號是「笠置屋」，酒標名稱為「玉之泉」，生意興盛；明治三十八年（西元一九〇五年）改採「月桂冠」商標，經導入最新科學技術，果然屢次在博覽會、評鑑會中獲得佳評，後來隨著日本全國鐵路線的開通，率先在桶裝清酒的全盛時期採用了瓶裝清酒，傳承至今。

「大關」清酒也正邁向三百年歷史的門檻，取名「大關」的靈感來自於日本傳統的相撲運動，日本各地最勇猛的力士每年共聚一堂比賽摔角，優勝選手榮獲「大關」頭銜，因而大關品名在一九三九年首次被採用，一九五八年被頒獎給「大關杯」優勝選手，從此成為慶功宴上的榮譽清酒代名詞。

幫客人倒酒最有禮

至於飲用清酒的禮儀，就是別忘了幫客人倒酒——冷飲的話，使用冰鎮過的玻璃杯，稱為「冷酒」（hiya），或在玻璃杯內先放進冰塊或碎冰；熱飲的話稱為「熱燗」（kan），是先倒入熱水，再倒清酒，待兩者稍加融合後就可趁著溫熱喝，冬天天氣冷，可以把清酒瓷瓶稍加燙過再倒酒，喝著熱酒，身體都溫暖起來。清酒的飲用溫度可從5度C到約60度C均可，同一種酒在同一個地區以不同溫度飲用的狀況，屬世界上罕見，除了中國的紹興酒之外，就是日本清酒。

最正宗的飲用器皿其實是用四方形的小木杯（masu）來喝，有些工人還會在杯角抹一點鹽佐著喝。現在為了方便大量製造杯子之故，只能在喜慶節日或酒藏的開酒儀式上看到這種原木風味的雅致方杯了。

挑選自己喜愛的酒，不妨先嘗試辛口、甘口，挑出適合的口味類別，接著再感受滋味是淡雅柔和或濃醇辛烈，清酒的酒精濃度從15度到35度的都有，酒精濃度以16、17度間最常為大眾所接受。酒量不好的人別一下子就挑戰較高酒精度的清酒，宜循序漸進，啜飲時可感受酒的香氣，每次試著一、兩款，很快地就會建立自己的最愛名單，同時也不妨嘗試名藏名酒，細細品味它能屹立數百年的菁華芬芳。

此外，由於清酒不加防腐劑，最多可保存一年，開瓶後應趁鮮喝完。清酒也可以應用在料理上，如塗抹魚身或用作高湯、醬料，有助除去魚類的腥臭味。

之五。

燒酎、泡盛的由來與品嘗方法

就如同伏特加一樣，日本的燒酎（燒酒）也是取自植物塊莖（主要為番薯，稱為「芋燒酎」）的白酒類，大致區分為本格燒酒和泡盛（あわもり，awamori），使用米麴當發酵劑，蒸餾加工而成，風味獨特，低熱量，同樣受女性喜愛，受歡迎度不亞於清酒，因而也是日本國酒。

日本清酒、啤酒都屬釀造型；本格燒酒、泡盛屬於蒸餾型；味醂酒則是把釀造型、蒸餾型的產品混合。

在蒸餾酒的世界裡，白蘭地是以水果（葡萄）製成，本格燒酒、泡盛、威士忌、伏特加、杜松子酒是以穀物類（米、麥、番薯、馬鈴薯、芝麻等）釀成，風味各有不同。

本格燒酒 依原料呈現不同風味

・燒酎（shochu）：燒酎一詞的漢字原意就是燒酒，燒酒的蒸餾技術於十五至十六世紀傳至日本，出現於文獻中記載，酒液清澈，歷經長期的技術改良，品質熟成穩定，而在此之前，日本人都只喝使用米麴對米進行糖化加工、並用酵母發酵釀造的清酒。十七世紀，日本人開發出「杜燒酎」，在釀造中的原酒裡添混酒精，口感較協和，酒質也較穩定。

本格燒酒意即只經一次蒸餾的燒酒，保留住純粹的天然風味；多次蒸餾的燒酒則稱甲類燒酒，係使用十九世紀傳入日本的連續式蒸餾器所製作，口味清淡溫和，屬於大規模生產的商業產品，大多數使用經糖漿發酵釀成的便宜進口酒為原料，藉由大型釀酒廠的蒸餾，最後用水稀釋而成。

本格燒酒的香氣源於所採用的原料，列舉有特色的本格燒酒如下：

・**大麥本格燒酒**：九州特產，尤以長崎的志摩、大分產品最知名，口感柔和，比起米燒酒更順口，香氣芳鮮，非常受歡迎。

・**甘藷本格燒酒**：種類眾多，以富含澱粉的kogane sengan最常見，口感甜潤，藷香氣濃，鹿兒島、宮崎市、伊豆島都是名產地。

・**紅糖本格燒酒**：主原料為甘蔗紅糖，鹿兒島的奄美群島產品既甘又香，滋味清柔。

・**蕎麥本格燒酒**：宮崎市、長野縣等地以蕎麥為原料蒸製的產品，滋味柔美；此外，也有蕎麥本格燒酒。

蕎麥燒酒發源於宮崎縣，五之瀨地區盛產蕎麥，便以此做為原料開發而成，製酒廠致力

喝燒酒須注意釀造原料，不同原料帶出不同的香氣與口感。

於推展，令蕎麥燒酒名揚縣外，結果其餘蕎麥產地如長野縣和北海道也開始釀造蕎麥燒酒。當時，完全以蕎麥釀酒較為困難，通常都是蕎麥為主，再加入白米一起釀造，而現今已可做出百分之百的蕎麥燒酒。

為了降低酒精濃度，喝燒酒時經常會摻入水、汽水等等，但如果是在蕎麥麵店喝到蕎麥燒酒，店家通常會一併提供蕎麥麵湯，更添風味。

・**酒粕本格燒酒**：日本人所稱的「粕取燒酎」（kasutori shochu），釀製清酒之後，利用酒粕，進單式蒸餾機蒸餾一次即得，在全日本都有產，尤以福岡、大分、新潟的產品最香濃、獨特，令人難忘。

・**米本格燒酒**：原料為日本大米，熊本縣所產的燒酒很典型、傳統，使用在地米，在低壓狀態下製造，屬於三年以上的長期熟成米燒酒，味濃飄香，是鰻魚料理、肉料理的絕配。

泡盛 源自沖繩的特色燒酒

・**泡盛（あわもり，awamori）**：泡盛和本格燒酒有什麼不同呢？簡單地說，泡盛燒酒指的是沖繩（琉球群島）的燒酒飲品，以使用秈米（泰國大米）蒸餾製成為特色，風味較烈，不同於日本其他地方的燒酒是採用日產粳米製成；再者，泡盛採用黑米麴菌（黑麴）發酵而成，不像日本燒酒是採用白米麴菌發酵。由於發酵時產生氣泡，大米膨脹而上浮（泡盛る，awamoru），因此而得名「泡盛」。

沖繩縣位於日本最南方，氣候和地理環境與日本其他地方差異很大，也就衍生了不同的文化，特別是海上交流這方面。泡盛的製作方法始於十五世紀，因與泰國往來密切，而採用泰國米為製酒原料；當日本於十七世紀進入鎖國時代，只與英國、葡萄牙、西班牙保留必要的貿易之際，偏安南端的沖繩不但與英、葡、西來往，更照樣自由地與東南亞、麻六甲海峽各國及台灣保持頻繁交流，貿易持續繁榮發展，並曾於一六一二年由島津氏將當時所謂的「琉球酒」當成貢品，轉獻給德川幕府，而終於讓「泡盛」一名於一六七一年首次在日本史料中登場；直到十九世紀，始終把泡盛做為對外貿易商品以及獻給日本、中國王朝的貢品。

然而，在一九八三年四月以前，泡盛總被錯誤地貼上「燒酎」標籤，為求正名，之後才改為統一稱呼「泡盛」。

泡盛燒酒藏都盡量在地下的低溫環境中，把半數陶瓷桶器皿的酒發酵達三年以上，符合「古酒」（陳年酒）要求；另半數酒則發酵六個月就供應市場所需。可惜經過沖繩島戰役塗炭，沖繩島上兩百至三百年的古酒坊大多遭到炸毀破壞，現存的古酒大約僅有一百四十至一百五十年的陳年歷史。

沖繩島民所喝的泡盛燒酒，消費量約是日本本土的四倍，酒精濃度也在30％之譜，比起賣到日本本土的泡盛產品高多5％；島民也喜歡拿特色水果菠蘿、檸檬等來調泡盛雞尾酒，冰喝更暢快。另外，也有以葡萄為主要原料的泡盛。

之六。

乾杯與斟酒文化

日本與台灣的酒桌文化不同，最大的兩個差異應該就是乾杯與斟酒。說是乾杯，真要一口氣喝光嗎？日本人會在何時喊乾杯？在酒桌上自斟自酌是失禮行為？斟酒居然還有層級之分？認識不同於台灣所熟悉的酒桌文化，有機會與日本人喝酒時就不至於失了禮數。

喊乾杯 別急著喝乾這杯

日本人喊「乾杯」的時機和台灣人不同，通常無論是小型或大型聚會，都會盡量等人湊齊，大家的飲料都來了，這時會有人負責起身說話，如果是重要的正式場合，那可能是串冗長的致辭；如果是三五好友聚會，則有可能只是簡單說一句「今天大家辛苦了！」接著一聲令下：「乾杯！」（かんぱい，kanpai），大家互相碰撞彼此的杯子。

「乾杯」到底是什麼意思呢？不就是一口把杯子喝乾的意思嗎？不過要是碰完杯子之後，就立刻仰頭把酒咕嚕咕嚕灌光，通常會引發同桌日本人露出瞠目結舌的表情。日本人喊「乾杯」時，並沒有要求對方把酒喝光的意思，除非特別想要炫耀自己的酒量，一開場就震撼全場，不然大家往往只會喝一口就放下杯子。

除了特定需要敬酒的場合，一般的宴會和聚餐之中，日本人也很少會敬酒。

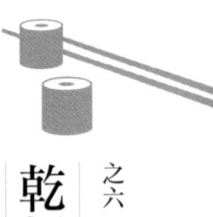

真正會做到「乾了這杯」的場合，通常

是大家已經在酒勁上頭，開玩笑起鬨的時候，這時候可能會鼓譟著喊道：「一気！一気！」（ikki），也就是讓被慫恿的人一股作氣乾掉的意思，但這和祝福或者帶著敬意的乾杯不同，純粹是喧嘩、起鬨，並不帶有善意，到底要不要乾，可能要判斷一下當場的狀況，究竟是在開玩笑？還是惡意灌酒？考量自己酒量如何再來做決定。

不會斟酒的人無法出人頭地？

另外一個文化差異就是斟酒，例如像瓶裝啤酒、清酒等需要倒入杯子中飲用的酒類，在日本料理的文化之中，自斟自酌是相當失禮的。

自己為自己斟酒有一個專有名詞稱為「手酌」（てじゃく，tejyaku），在日文中帶有一些孤獨、落寞的色彩，尤其聚會的場合，大家互相倒酒，並趁此機會談話才能交流，如果一個人悶著頭喝酒，就失去聚會的意義，違背了好不容易聚在一起的本意，也會讓人覺得「你對我們有什麼不滿嗎？不想跟我們說話嗎？」或者「你到底有多喜歡喝酒啊？有多麼迫切地想要喝酒啊？」而招來「失禮」的壞印象。

日本層級分明，職位低的人為職位高的人斟酒、年紀小的人為年紀大的人斟酒是常識，常有人說「不會斟酒的人無法出人頭地」，當然不因為斟酒是什麼專業技能，非學不可，而是意謂不會斟酒的人缺乏反應能力，無法觀察周遭的狀況並做出應變，也就難以想像這樣的人會有什麼前途了。

那麼當自己的酒杯空了，可是周遭都是一些不能出人頭地的傢伙，竟然完全沒有人發現並幫忙斟酒怎麼辦？有個訣竅就是去幫別人斟酒，這樣被斟酒的人就會在接受之後反手接過酒瓶幫忙斟酒，就可以達到互相滿杯的效果。

當然，如果是同輩好友聚會，就比較沒有那麼多關於斟酒的講究，不過很多日本人在自己斟酒之前會補充一句：「我自己倒了，不好意思。」表達對「手酌」行為的歉意，並提示大家不用拘泥，如果是在比較輕鬆的場合，態度盡可大方些，自己倒酒也沒關係，萬一猶豫不決、動作遲疑，倒又可能會讓對方感到「他是不是在等我幫忙倒酒？我好像做了失禮的事情」而心生不安，引起不必要的誤解。

剛接觸這種斟酒文化的台灣人可能會很不適應，認為在酒桌上還要繃緊神經觀察別人的杯子，是件很累的事情，而且杯子空了都不能自己倒，喝不滿足；不過換個角度想想，酒桌就是用來維繫感情的地方，真的想喝酒，什麼時候不能喝？買一堆回家自己手酌到睡著都沒問題，比喝酒更重要的是人與人之間的感情維繫，斟酒只是個小動作，表達出的意義卻是「我有在注意你，我很重視我們之間的關係，希望你今天能喝得愉快。」其實是個非常溫暖人心的行為。

所以，不妨在酒桌上多多注意別人的杯子吧！就算沒有因此出人頭地，也許會有其他人際關係上的意外收穫。

第九章。

悠遊和菓子的甜蜜境界

很多人對於日本和菓子的第一印象，難免是「太甜了！」「包裝很是精緻漂亮，但滋味很單純。」真是這樣嗎？如果能深一層了解和菓子背後的歷史、趣味典故，將有不同的感受。

日本和菓子的歷史

之一。

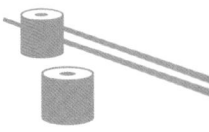

日本的點心（おやつ，oyatsu），也稱為「八つ時」（やつどき，yatsudoki），在江戶時代以前，八つ相當於下午兩點左右，下午兩點到四點所吃的零食稱為「おやつ」，時至今日，不再使用干支計算時間，因為是三點左右吃點心，所以也稱為「御三時」（おさんじ，osanji）。在那個年代，生活困乏，物資缺少，只能一日兩餐，如果中午、晚間各吃一餐，用餐前後的時間拉得很長，就得依靠零食充飢，尤其需要糖分來補充能量、紓減疲勞，點心（おやつ）自然以甜點居多。

例如大阪的大阪燒、章魚燒，起源於東京的鯛魚燒、今川燒，都是常用來墊肚子的點心。日本的饅頭，屬於正統的和菓子，跟台灣的饅頭並不一樣，台灣人認知的饅頭應該是大顆的、可當主食的麵糰類，但日本的饅頭較小顆，比手掌更小一些，完全就是甜點，不可當正餐吃。

菓子名稱不同 來歷吃法亦不同

和菓子，狹義的說法，是指日本傳統的菓子，以明治時代為分水嶺，從歐洲如法國傳進來的就稱為「洋菓子」；從中國唐朝及唐代以後傳進日本的則稱為「唐菓子」，主要是麻糬一類的甜食，比如內餡為紅豆沙的油炸芝麻球（油炸的糕點也稱為油菓子），起初用於祭神，後來逐漸改良變成自用、送禮兩相宜的甜食，仍以紅豆餡為多、糯米外皮為常見；從中國傳入韓國的點心甜食，或是韓國本身甜食，再傳

左圖：宇治金時所加的手工白玉糰子很受日本人喜愛。
右圖：傳統和菓子，金鍔燒（左）與饅頭（右）。

到日本的則稱為「韓菓子」；由葡萄牙籍宣教士們所傳入的，就稱為「南蠻菓子」等。

琉球傳統點心，稱為「琉球菓子」；專門用來搭配茶道的佐茶甜點稱為「茶菓子」，例如春天的櫻餅、夏天吃來冰冰涼涼的抹茶蕨餅、秋天紅葉饅頭和柿餅、冬天的酒饅頭、草莓大福等，除了把美的事物盡收眼底口中，還具有中和茶湯苦澀味、稍加墊墊肚子以免空腹喝綠茶引起心悸或煩躁等反應；另外，「水菓子」（みずがし，mizugasi）就是水果（くだもの，kudamono），並不屬於和菓子。

異國甜點對和菓子的影響

「南蠻」一詞，始於周朝，是中國古代北方、中原一帶對南部部族的稱呼；而在日本所謂的「南蠻」，原本也指南部的部族，但自從十五世紀室町時代與歐洲進行貿易之後，指的是有商貿往來的葡萄牙人等南歐人、西洋人以及泰國等東南亞地區的人，對於荷蘭人則另稱「紅毛人」，當然也歸屬於南蠻人。

蜂蜜蛋糕正是在大航海時代傳入長崎的，長崎是日本最早和葡萄牙等外國商船貿易來往的港口，一五四三年葡萄牙人把火槍傳入日本，一五七一年准許葡萄牙商船入港，蜂蜜蛋糕（カステラ，kasutera）就成了當時叩關的南蠻甜點，此外，還有酥脆的「平糖」（へいとう，heitou）、砂糖熬煮成色彩美麗硬糖果的「金平糖」（こんぺいとう，konpeitou）、葡式油炸魚肉片「天婦羅」（てんぷら，tenpura）點心；飴類銘菓則於接下來的安土桃山時代傳入日本。

日本殖民台灣時期，把製造和菓子的技術傳入，台灣人從此學會了一些和菓子的製作技法，例如煎餅、銅鑼燒、今川燒、大福麻糬、日式糖果、日式饅頭等，並再改良得比較不甜、比較符合台灣人喜愛的味道。

和菓子 因時綻放的花朵

和菓子向來是「日本飲食文化中的花」，包裝精美，甚至在一盒之內，每一小片和菓子餅也有個別的包裝，由於層層妝點，模樣精緻，在注重環保的現代化社會裡經常被視為過度包裝。而和菓子的顏色大多是粉嫩色系的粉紅、粉綠、粉黃；造型以櫻花等花朵、茶葉等葉片、桃子或心形、兔子等可愛小動物為多，並且注重與四季時節的腳步有所關聯，例如春天會出現的造型或食材運用為梅、櫻、油菜花；夏天的紫陽花、鳳凰花、撫子花（石竹，以粉紅、桃紅、紅色為多）；秋天的桔梗、菊、楓葉、銀杏葉；冬天的椿、水仙、雪。

又如，春天在櫻花季時期就推出櫻餅這種

限定菓子，還有以油菜色為靈感的綠葉黃花造形菓子；夏天的和菓子會運用葛粉呈現透明清涼的效果（註：葛粉是豆科植物葛根的磨粉，依據《本草綱目》典籍記載，清涼解熱，生津止渴，適宜製作涼糕等點心。）秋天享受栗子羊羹、月見團子；冬天享用「善哉」，就是紅豆湯裡有年糕（日本稱年糕為「餅」）的甜食，而冬至時會吃南瓜和日本柚子材料的糕點，例如柚子餅、柚子羊羹、柚子饅頭，有助預防感冒。

最美好的佐茶小點

手作和菓子被譽為「五感的藝術」，要以眼、鼻、手、口、心去感受，不妨體會一下作家村上春樹所稱生活中的「小確幸」，吃的時候應小口品嘗，如果要切小塊，可使用片狀的牙籤，茶菓子更是如此。再者，和菓子宜搭配抹茶、玄米茶、咖啡等飲料，才不致甜得膩人。

和菓子，正如英文裡所說「happy ending」，這微小卻確切的幸福能為一餐或一件事留下快樂的結語，年節賀禮餽贈、居家待客賞味，少不了賞心悅目又能造惠口福的甜食點心，各地特產的菓子風味獨具，也形成有趣的繽紛感，使人心情格外愉悅，就跟台灣人出差、觀光旅遊都會帶著伴手禮太陽餅、鳳梨酥、麻糬、黑糖糕、方塊酥回去分享親友和同事一樣，日本人也很注重這項生活中的小禮節，尤其是季節限定或一地限定的和菓子，更讓受者覺得稀罕。

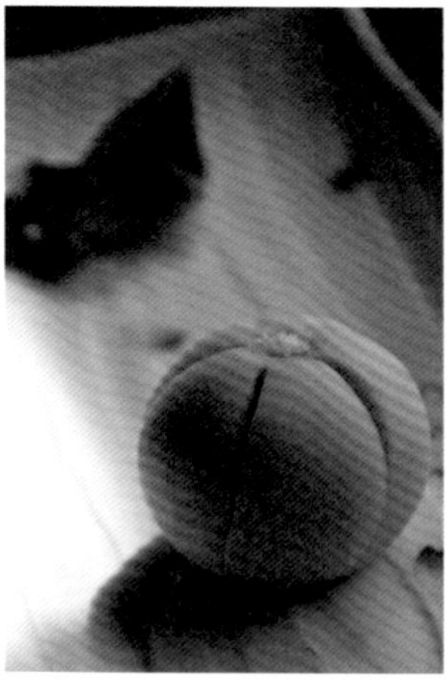

手作和菓子被譽為「五感的藝術」，賞心悅目帶來幸福感受。

之二。

和菓子的分類

日本室町時代，戰國梟雄織田信長崛起，永祿十一年（西元一五六八年）受詔入京，重用擅長抹茶茶道的千利休擔任「茶頭」，千利休認為菓子與抹茶在味道上相得益彰，搭套享用，帶動和菓子隨著茶道文化的興起，從此流行於王公貴族與武家上流階層。在德川家康建立江戶幕府而展開的江戶時代，原來獨霸一方的京都京菓子和新興的江戶上菓子開始分庭抗禮，各自都追求在製作技術上的革新進步。

以遷都的前後地域來作區分，和菓子可分類為：

・京菓子（きょうがし，kyougashi）：在德川家康幕府遷都江戶（今日東京）之前，京都是全日本的政經、文化核心，引領風騷，奠基於深厚的風雅基礎上，和菓子結合詩歌俳句，發揚文人墨客優雅的古典美，成為飲茶吟詩間的茶點，色彩豔麗、包裝精緻，歷史悠久的古老名店更擁有崇高的地位。「落雁」（らくがん，rakugan）是京都傳統乾菓子、有名的伴手禮，入口即融，大多製成動物形狀，常被使用在茶會上或當作供品。「生八橋」（なまやつはし，namayatsuhashi）是到京都必買的伴手禮，把麵粉、砂糖、肉桂粉攪拌後，蒸熟成三角形狀的餅皮，再包進紅豆等餡料，須注意保存期限，有些當天就得吃完。

・上菓子（じょうがし，jyougashi）：相對於京菓子的宮廷風、文人貴族風，上菓子著重於貼近中階文化的趣味，具有知性創意，風格淡雅，

此外，江戶上菓子使用配給的白砂糖研製，如果不是指定的和菓子店，就拿不到白砂糖；無法取得白砂糖的店家、師傅，只能用黑砂糖製造和菓子，大多走街販賣，價格便宜，不再以精緻外觀取勝，採取的是比較簡易的製法和外形，真正的庶民美味，稱為駄菓子（だがし，dagashi），關西則將之稱為雜菓子（ざつがし，zatsugashi）。

糖分等級 牽動和菓子文化

京都是日本貴族世居之地，文化上高人一等，從奈良時代開始，糖就是重要的甘味料，價值貴重，再加上優良的素材與手藝嫻熟的師傅，京都的和菓子自然也就比較高級，並沒有什麼明顯的等級之分，一律稱為京菓子。

到了江戶時代，糖的價格下降，用廉價的糖和便宜的素材做成的甜食，一般百姓也能消費得起，而高級的糖、素材、師傅仍局限於江戶的上層社會，於是便產生了「上菓子」、「駄果子」之分，「駄」和「雜」都是粗劣、低價值的意思，這個分級起源於江戶，後來逐漸也用來分類南蠻菓子，甚至是京菓子。有些和菓子一開始便是以雜菓子的分類被創造出來的，例如最中（もなか，monaka）、金鍔（きんつば，kintsuba），也有一些始終維持著上菓子的格調，例如饅頭（まんじゅう，manjyu）、落雁（らくがん，rakugan）、羊羹（ようかん，youkan），此外，還有一些菓子根據材料等條件的差異，位於不同的等級。現今由於好的材料相對便宜，已不再將雜菓子視為那麼粗劣的食品，但「駄果子」這個稱呼卻逐漸轉變為專門稱呼給小孩子吃的便宜零食，如水飴（みずあめ，mizuame）、醋昆布（すこんぶ，sukonbu），或者在台灣也很有名的彈珠汽水（ラムネ，ramune）、美味棒（うまい棒，

umaibou）等等，是這一代日本人的童年回憶。

以加工法分類的各式和菓子

以地區分類，和菓子的大宗是京都的京菓子和江戶的上菓子、雜菓子，除此之外，北海道、沖繩、四國、九州等地也都有自己的獨特菓子，例如琉球菓子，始於琉球王朝，以金楚糕最具代表性。如到當地，可以尋找一些較稀有的和菓子一飽口福。如果以和菓子製造上的水分含量及「加工法」來分類，可以分為：

・**生菓子**（namagashi）：也稱「濕菓子」，例如日式湯糰、日式麻糬、羊羹、水羊羹、蒸饅頭、桃山等。

・**半生菓子**（hannamagashi）：也稱「半乾菓子」，例如最中、鯛魚燒、日式大福等。

・**乾菓子**（hosigashi）：例如日式煎餅、仙貝、米果、金平糖等。

和菓子依照加工可大致分為生果子、半生菓子（右圖）、乾菓子（左圖）。

練切注重季節腳步，如秋天就以季節花卉桔梗（右）與菊花（左）為題目，充滿日式風情。

此外，也可以再細分而衍生以下菓子：

．**上生菓子**（jyounamagashi）：以練切（nerikiri）為主，是主要用於茶道的和菓子。強調雕花、彩繪，整個菓子雕刻成櫻花、菊花、蓮花、玫瑰、山茶花、柿子等，或是彩繪如鶴、鴛鴦、水鳥等，極具上等的觀賞價值。

．**工藝菓子**（kougeigashi）：強調終極精巧及藝術效果的和菓子，例如整盆或整座的菊、牡丹花，展示供大眾鑑賞重於食用，主題大多不脫花鳥風雅意境，又如四方體的透明或有漸層色澤羊羹，在立體內還顯現有花、魚、幾何圖騰的工藝。

．**蒸菓子**（musigashi）：通常使用白豆沙或紅豆沙加上打發的蛋白混勻、蒸熟，有時也加入蜜漬紅豆，常見的有紅豆或抹茶等等口味的海綿蛋糕、北海道牛奶蛋糕等。

之三。

日本人喜愛的和菓子

日本人最喜愛吃哪些和菓子呢？「何でも調査团」於二〇一二年九月調查了三千六百七十七份有效問卷，整理出來一份「日本人喜歡的和菓子排行榜」，可說是偶爾舉辦大型調查裡值得參考的前十名，最多可複選三樣，前三名就已囊括走92%的寵愛。來瞧瞧和您心目中擁護的和菓子是不是很相近，並且趁這個機會認識它們！

1. 大福（圈選率35%）
2. 銅鑼燒（圈選率29%）
3. 御手洗團子（醬油團子）（圈選率28%）
4. 蜂蜜蛋糕
5. 櫻餅
6. 蕨餅
7. 羊羹
8. 花林糖
9. 金鍔燒
10. 餡蜜
11. 栗子饅頭
12. 外郎餅
13. 練切
14. 輕羹

以下介紹這些和菓子的特色：

・大福（だいふく，daifuku）：源起於江戶時代明和八年（西元一七七一年）御玉所製圓團形的「多福餅」，皮薄餡豐，又寓形如「大腹餅」，在寒冬裡烤熱後出售。之後的十幾年間，是在江戶很受歡迎的甜食，後來衍生出眾多口味，如豆（紅豆）大福、草大福（翠綠色的艾草麻糬餅皮，內有紅豆餡）、草莓大福、鹽大福（內餡加鹽以調和紅豆餡的甜味），始終擁有超高人氣。

．銅鑼燒（どらやき、ドラやき、銅鑼やき，dorayaki）：傳說在平安時代，將軍辨慶拿軍中的銅鑼送給恩人，被製成平底鍋，煎出簡單的點心回贈，因而得名。

銅鑼燒因為被漫畫家藤子不二雄安排為漫畫主角「小叮噹（多啦A夢）」（Dora-Emon，此名字寫成漢字便是「銅鑼衛門」，「衛門」為日本男子名，「銅鑼」正是指銅鑼燒）的最愛，更加風行，它很類似蜂蜜蛋糕的兩片烤餅皮，包夾著豆沙餡，這樣可以調和甜膩味。

．御手洗團子（みたらし団子，mitarashidango）：有穀物之初，就揉團子、串烤著吃了，到了江戶時代大為風行。御手洗團子源起於京都下鴨神社的葵祭、御手洗祭的時候，美味的供品廣為流傳，先塗上醬油，用火烤一下再吃，能趨吉避凶。

．蜂蜜蛋糕（カステラ，kasutera）：十六世紀，長崎通商港口傳自於葡萄牙人帶來的castella蛋糕製作技術，原料包括雞蛋、麵粉及砂糖，其實並不含蜂蜜，台灣人稱它為長崎蛋糕，長方形，上層是咖啡色軟軟的餅皮，可分切食用。

．櫻餅（桜餅，sakuramochi）：櫻餅可以說是最具日本代表性的和菓子，粉紅色的糯米餅包著甜甜的紅豆內餡，再用鹽漬過的櫻花葉子包裹，能夠中和甜味，是春季賞櫻季節不能不吃的時令甜點，櫻餅分為關西風味的「道明寺櫻餅」（道明寺指材料中的道明寺粉）、關東風味的「長命寺櫻餅」（長命寺為發祥地），前者的櫻餅外層類似台灣的糯米餅皮，後者的外層則偏屬於小麥粉麻糬的外皮。

．蕨餅（わらび餅，warabimochi）：早期，日本農村物資貧乏，山裡的蕨菜是大自然的恩賜，把蕨菜的根挖出後曬乾，磨成蕨粉，再加水、糖製成甜點，十分費工，變成皇家貴族、富人豪門享用的甜點，可以搭配黃豆粉吃，使蕨餅的香氣更迷人，搭配抹茶，更是絕佳的茶菓子，堪稱京都的甜點代表，口感ＱＱ的蕨餅，一入嘴，甜味就逐漸融化開，散發出的蕨根香，值得細細品味。

・羊羹（ようかん，youkan）：源自中國的羊羹，在鎌倉時代至室町時代隨著佛教禪宗傳入日本，把葷、鹹的羊羹凍轉變為混合小麥粉蒸煮而成的紅豆羹凍，變成茶菓子，後來也開發出栗子、甘薯、綠茶等口味。

在一五八九年安土桃山時代的和歌山縣，在寒天中加入餡料做成練羊羹，是傳統原味的羊羹，不含紅豆顆粒，適合搭配較苦澀的抹茶，隨後，一八六一年又興起新製的水羊羹，減少寒天的用量，增加水分。至江戶時代，羊羹大為盛行，後來，小倉羊羹以紅豆為主要材料製作，並含有紅豆顆粒，廣受歡迎。

品味高級和菓子羊羹有講究，春嘗櫻羊羹，夏嘗水羊羹，秋享栗羊羹，冬戀日本柚子洋羹，心裡盛載著滿滿的歡悅。

・花林糖（かりんとう，karintou）：是日本常見的傳統零食，有點類似台灣的麻花卷或過年拜拜後給小孩吃的脆條糖，只是日本人慣用黑糖製作，顏色深咖啡色，也很甜。花林糖可以做成多種口味，例如北海道地區使用當地小麥粉，麥香清郁，製作出在地特產南瓜、菠菜、紅豆以及芝麻、花生等不同味道的產品，是最佳零嘴。

・金鍔燒（きんつば，kintsuba）：源起於江戶時代德川幕府第五代將軍綱吉（西元一六八五至一七〇二年）執政時期，「銀鍔」興起於京都，以紅豆為餡料，用粳米包起來烤成烤餅；到了享保年間（西元一七二六年前後），江戶的手工更精緻，把這項菓子升級稱為「金鍔」。切成四角形的金鍔，外形有點像是撒上白色糖粉的薑糖，很適合當做茶菓子來享用，才不會太甜。

·**餡蜜（あんみつ，anmitsu）**：餡蜜在日本有很多專門店，有點像台灣的綜合四果蜜豆冰，夏天更是敞開胃口大吃的季節，把蜜豆（豌豆）、紅豆餡搭配其他配料如白玉湯圓、蜜柑類水果、寒天凍塊、冰淇淋盛在一碗裡吃，很過癮，當然會再淋上黑糖蜜，甜得夠勁。

·**栗子饅頭（くりまんじゅう，kurimanjyuu）**：據傳，中國南宋時期，日本聖一國師訪宋返日，把他學到的酒麴饅頭作法教給福岡的茶室，用做茶菓子，後又於元朝時期把從杭州學到的肉包子引進，改為紅豆餡饅頭好給京都建仁寺住持等僧人食用，鎌倉時代末期開始逐漸有蔬菜餡包，至室町時代期間，隨著佛教禪宗傳入日本，饅頭興起，成為和菓子的重要一類，材料主要是小麥粉、砂糖的砂糖饅頭；至江戶時代，豐臣秀吉等將軍喜歡饅頭，帶動發展出很多不同內餡，或揉進不同材料到麵粉裡的饅頭，也成為了茶聖千利休等茶人常用的茶菓子利休饅頭等，蕎麥饅頭、栗饅頭、葛饅頭等等蒸饅頭應運而生。

栗饅頭人氣高，它屬於燒饅頭，包栗子泥加白豆餡，外皮有蛋糕口感，塗抹薄薄一層蛋黃後烘烤，又香又甜。

葛饅頭又稱水饅頭、水仙饅頭，使用葛粉製作的透明粉皮來包紅豆餡等，是夏季常見的生菓子，就像台灣在吃的涼圓。

·**外郎餅（ういろう，Uiro）**：源自元末時期，陳友諒與朱洪武爭天下，當陳友諒在鄱陽湖之役兵敗戰死後，同系的浙江人陳延祐（字宗敬）亡命日本，以「外郎」自稱，販賣「透

左圖：金鍔燒是以紅豆為內餡的烤餅，適合搭配抹茶。

右圖：外郎餅口感軟糯綿密，口味恬淡。

頂香」維生，吃了可助化痰、消除口臭，遂又稱外郎餅。外郎餅有點像是羊羹，又像是紅豆口味的年糕，但糕條入嘴的口感更加軟綿，以紅豆口味為主，最適宜搭配抹茶。

・**練切（ねりきり，nerikiri）**：屬於上生菓子類，號稱是和菓子中的極致藝術品，也被喻為是「吃進肚子裡的徘句」，就在一顆不過五公分立方以內的小小菓子身上，就融合了四時季節與五行天然色澤，創作者如同藝術家，以柔和美麗的色彩刻畫出花卉、水果等等造型，賞心悅目，令人珍惜、賞玩再三，最適合做為茶會中的主菓子，或展示於櫥窗，捨不得吃掉。

・**輕羹（かるかん，karukan）**：乍看很像是兩片長方的牛奶戚風蛋糕片，其實是鹿兒島縣的和菓子，很受歡迎，作法是把蛋白攪打成蛋白霜，加上特產的紅薯泥，再加水、黏米粉、砂糖攪拌勻的麵糊，切片後蒸熟，口感綿柔香甜。

之四。
其他有特色的菓子

有特色的菓子不在少數，其中有的還又因置身關東、關西而大異其趣，或是名稱不同，或是作法有異，以下列舉幾項：

・**萩餅（お萩，ohagi）**：是非常特別的和菓子，在春天的時候，稱它為「牡丹餅」（ぼたもち，因牡丹盛開於春），秋天的時候則稱「御萩」（おはぎ，因萩花盛開於秋）。主要成分是熟糯米（或粳米）、紅豆泥，吃起來像是麻糬的甜米糕口感，還可蘸熟芝麻粉、黃豆粉吃。

自從江戶時代，萩餅就被用於節慶禮俗，春分日前後共三天，秋分日前後共三天，民眾祭拜神祇、拜佛或掃墓，使用萩餅供奉。而大約在一九五〇年代之前，日本各地對於萩餅的名稱還很分歧，以外層包裹的材料來分：紅豆餡的叫牡丹餅，包黃豆粉的為御萩；以紅豆餡的形態來分：豆沙狀的叫牡丹餅，保持完整顆粒的稱御萩；以米麵的處理形態來分：把飯粒搗成全碎的叫牡丹餅，只搗半碎的稱御萩；以粳米和糯米的混合比例區分：粳米為主的是牡丹餅，糯米為主的為御萩；以體型來分：大而圓的叫牡丹餅，小而橢圓的叫御萩；以地域習性區分：關西人習稱牡丹餅，關東人稱為御萩。如今，比較一致的是以製作的季節劃分。在福岡縣北九州市的小倉城，在地人吃關東煮，必搭萩餅，在當地的路邊攤也很容易看到這樣有趣的賣法。

・**今川燒（今川やき，いまがわやき，**

Imagawayaki）：就是台灣的紅豆餅、車輪餅。經歷過殖民時代的老一輩人則可能會直接用日語「たいこまんじゅう（太鼓饅頭）」稱呼它。今川燒得名由來，是江戶時代安永年間（西元一七七二至一七七五年）在江戶神田（現今東京都千代田區神田車站一帶）「今川橋」邊販賣，於是以地名來命名。

今川燒的外皮以麵粉、雞蛋與砂糖製成，早期的內餡餡料通常是紅豆泥，或是菜豆去皮後打成的白餡。街頭販賣的今川燒以紅豆餡、白餡、豆打餡（毛豆餡）與卡士達奶油餡等傳統甜餡為主，近年來也發展出巧克力、抹茶等新口味。今川燒通常是圓形的餅，但在發揮創意下也出現了新形狀，例如「鯛魚燒」，並非使用鯛魚當餡料，而是外形像鯛魚，增加食趣，小朋友格外喜歡。關東稱今川燒為「今川やき」或「二重やき」，而關西、九州地區則常稱它為「回転やき」，還有「大判やき」、「太鼓やき」、「たいこまんじゅう（太鼓饅頭）」等。

・**金平糖（こんぺいとう，konpeitou）：**「長相」是表面凹凸的小球粒狀。名字源自葡萄牙語的 confeito，西元一五五〇年左右隨著蜂蜜蛋糕、有平糖等南蠻菓子傳進日本，也有

金平糖外表可愛如星辰，其實製程非常費時費工。

人稱它金餅糖、糖花，遂變成日本的傳統糖果，用於送禮，像摺星星一般的造型相當討喜，祝福對方平安、有財富以及閃亮的未來。

傳統金平糖為純手工製作，製程是冰糖加水，先用小火煮乾成蜜糖，回大釜鍋加熱，放入大顆白砂糖，必須注意糖果的色澤、溫度的變化，並細聽大釜鍋轉動的聲音來了解狀況；如此不停翻轉鍋子，讓糖球呈現凹凸有致的球形，再歷經一、兩個星期形成粒粒分明的金平糖，才能讓人甜在嘴裡，感動在心裡。由於製程辛苦，現今已極少手工製作，手工製品和機器製品價格懸殊，滋味也截然不同，手工製的口味有抹茶、蘋果、桃子、檸檬、梅子，甚至還有生薑、肉桂、巧克力等，散發著甜而不膩的清爽滋味，在購買時應細心分辨。

・有平糖（あるへいとう，aruheito）：發音源自葡文的 alreloa，與金平糖、蜂蜜蛋糕等點心一同由葡萄牙人帶入日本，成為安土桃山時代很具代表性的南蠻菓子，應用在茶道上，是備受珍視的茶菓子。散發著如同絲緞般的色澤，口感酥脆，可以加入黃豆粉糊食用，稱為金糖，加入黑芝麻糊食用的則稱為銀糖。

・宇治金時（うじきんとき，ujikintoki）：粉綠色的抹茶冰淇淋清新爽口，散發青草般的鮮活氣息，淡雅不澀、軟綿甘甜的紅豆粒湯四時皆宜，再加上手工揉製的白玉湯圓柔軟中帶著Q彈勁，是台灣人很熟悉的甜點。宇治，指的是日本專產綠茶的京都府宇治縣，把焙乾的綠茶用石磨抹碎，成了抹茶；金時，指的就是金時豆，顏色搭配出色，口感也十分搭調，抹茶微妙的苦調和了紅豆濃郁的甜，歷久彌新。

・金楚糕（ちんすこう，chinsukou）：也稱「珍楚糕」，是琉球王國時期流傳至今的

傳統菓子，傳說中國南方來訪的使節傳授當地人，以小麥粉混拌砂糖、豬油，蒸後切塊，是琉球高層社會在祝祭後所吃的糕點。也有人說兼採葡萄牙人傳入的蒸糕作法後改良，主要原料是麵粉、砂糖、豬油、雞蛋加上紅糖混揉後烘烤製成，口感有如餅乾，雖然不怎麼起眼，但滋味甘甜，具地方風味，很受觀光客佳評，也是遊覽沖繩的最佳伴手禮。

・柏餅（かしわもち，kashiwamochi）：用柏葉包裹的麻糬。柏葉都在長出新芽時，老葉才落下，象徵薪火傳承，通常是五月日本兒童節的限定菓子。

・吹雪（ふぶき，fubuki）：又稱吹雪饅頭，在一團綿密的紅豆餡上，就像隨意鋪裹著蛋白、糖揉打成的外皮一般，讓人想到大雪紛飛過後的殘雪意境。

・羽二重餅（はぶたえもち，habutaemochi）：羽二重是一種織物，是最高級的和服內裡，專門用來做禮裝，福井縣因為大量紡織羽二重，便開發出這種甜點。將糯米粉蒸過後加上砂糖、水飴揉成，紅豆餡，皮薄而柔軟。另外東京也有「羽二重團子」，但與羽二重餅並無關聯，是塗上生醬油的烤團子與有餡的團子兩種一組的和菓子，極受日本近代文學家的愛好。

・最中（もなか，monaka）：原本是一種煎餅類的乾菓子，江戶時代後期，吉原的和菓子職人將用剩的餡料夾入餅皮之中販賣，便演變為半生菓子。原本是上不了檯面的雜菓子，但如今皆使用優良材料，儼然成為和菓子的代表之一。最中的餅皮以糯米粉蒸過、壓薄，切成圓形再烤至脆，內餡最常見紅豆，其餘也有栗子、芝麻、柚子等。平安時代宮中中秋賞月時，將倒映在池水中的月亮歌詠為「最

上圖：有平糖色澤美麗，常被製成各種形狀，極具觀賞價值。

下圖：紅豆、抹茶、冰淇淋餡蜜高居日本人最夯甜點排行榜。

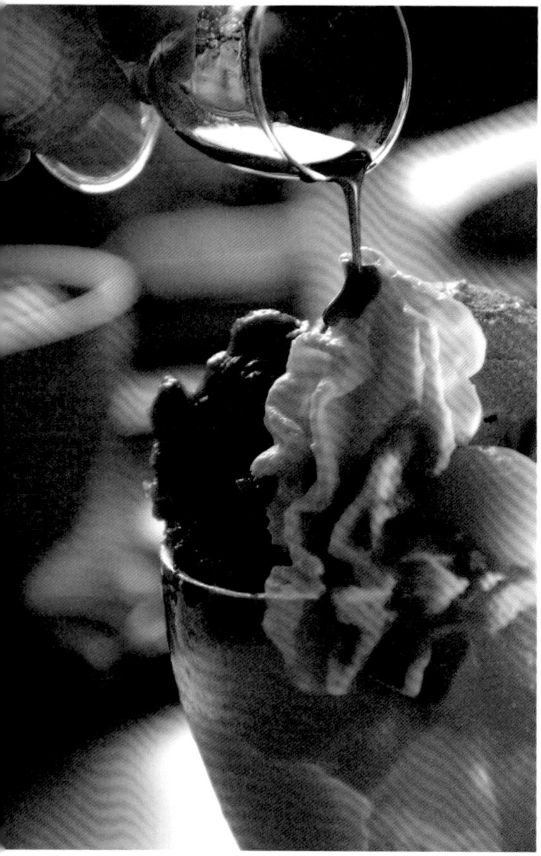

中之月」，這款和菓子的形狀看起來就像是農曆十五的滿月，便被稱為「最中」。

・仙貝（せんべい，senbei）：即是煎餅，源起於中國西漢（西元前二〇六年至西元八年）的宮廷節慶及膳食，日本飛鳥時代遣使前往隋唐宮廷而引入，以小麥粉加水攪和成麵糰，用油煎成；平安時代，空海禪師隨著唐使訪長安，讚許油炸後出現像是龜殼裂紋的煎餅，也學習了製作手法，返日後在京都教製，以便做為茶菓子，其後，日本隨著稻業發達而改採粳米或糯米製作，口感更脆。日本仙貝可大致分成以小麥粉加上蛋、砂糖等烤成的「瓦煎餅」類，以米烤成的「鹽煎餅」類，以及一般說到「煎餅」這個詞，會第一個想到的油炸「揚煎餅」類。

奈良時代的煎餅是貴族及高僧等上流階級的食品，一直到幕府時代末期，一般百姓才開始吃到可歸類為煎餅的小型米菓。日本各地都有自己獨特的煎餅，例如埼玉縣草加市以特產草加米製作成的「草加煎餅」，是鹽煎餅的代表；還有千葉縣銚子市將烤得熱燙的煎餅浸入醬油，創造出「濡煎餅」，風靡全國，甚至拯救了當時經營困難的銚子電鐵，蔚為一段佳話。

・若鮎（わかあゆ，wakaayu）：初夏的代表性和菓子之一，又稱為「燒鮎」、「鮎燒」等，「若」並非「相似」的意思，而是「年輕、小」的意思，香魚的捕釣於六月解禁，若鮎也在同時期或更早一點，甚至五月左右就推出，以蛋糕質地的柔軟餅皮包裹求肥餡（一種和菓子材料，以糯米粉加上砂糖、水飴揉成，柔軟而富含水分，多用於常溫或低溫的和菓子，可做餡料，例如若鮎；也可當成餅皮，例如雪見大福），再烙印上眼睛、尾巴等圖案，做成香魚狀，確實可愛。

第十章。

到了日本該怎麼吃？

到日本旅遊、留學、工作，一日三餐是基本生活需求，學幾句日常用語是必要的，也能和當地人友善互動；即使在台灣，日本料理也是相當大宗的餐飲類別，所知所學也會派上用場，顯示您對日本料理的認識深度。

之一。

到了日本該怎麼吃

日本料理大致可以區分為貴族料理、武士料理、庶民料理等。貴族料理經典中心在京都；武士料理以鐮倉最典型；庶民料理則以東京為主；日本全國各地都可見的，除了東京的平民料理，尚有各地特產的鄉土料理。

先淺嘗 口味合適再多點

台灣人遊日本，最喜歡造訪的前四名是以京都、奈良、大阪為主的的關西地區，以東京、富士山區為主的關東地區，北海道和琉球。

關西地區食物的淡薄口味，比較能為台灣人所接受。東北、北海道的濃厚重鹹口味，往往讓台灣人大呼吃不慣。光是拉麵，就鹹得很。當然，濃淡口味不能一概而論，但建議不要一口氣點太多，先淺嘗一碗，了解口味是否能接受，再多點餐肴才不會浪費錢。

平價餐飲 省錢族首選

到日本前，不妨先收集餐飲相關資訊，或徵詢較有經驗者的意見。一般來說，在學校附近的飲食街、食堂店可以發現吃食比較平價，如果荷包不夠飽滿，像是到天婦羅屋、連鎖的麵食店消費以及日替定食、迴轉壽司、烏龍麵、蕎麥麵、牛奶、納豆、玄米茶都很便宜。

傍晚以後的時段，火車站附近的生鮮超市、商店、壽司店甚至烘焙坊，有些會開始

打折，愈晚愈便宜，也可以走進百貨公司生鮮超市去試吃這個、那個，別忘記要說聲：「ありがとうございます」（謝謝）。

中華料理可能貴又不合台灣人的口味，讓人感覺做得不道地；路邊攤販要交觀光稅，也都轉嫁到商品上頭；在日本，吃法國料理差不多就如同當冤大頭。還是要吃原汁原味的日本料理最划算！此外，一定要盡量避開銀座、赤阪新橋藝伎區等昂貴區段，以免一擲千金直跺腳。

環境整潔、食材新鮮就是好餐廳

慎選新鮮的食材、潔淨的餐廳環境，可留意的細節包括：餐飲店裡不宜有魚腥味、漂白水味、過濃的芳香劑味道；料理台應該擦拭得乾淨不雜亂；刺身應是現點現切，冷藏品優於冷凍品，魚肉味道淡雅，顏色新鮮純正不暗沈，肉質帶點ＱＱ的感覺；山葵（わさび，wasabi）是現磨來搭配刺身盤的，人工化學芥末調味包能免則免，蘿蔔絲清脆有光澤、不軟爛，海苔片要繃脆不回軟；迴轉壽司則是現做現放上盤子的為鮮。

餐廳需觀察環境整潔、食材新鮮，吧台位置則最能觀察廚師手藝。

之二。

河豚生魚片、茶泡飯、雜燴粥

日本在西元八世紀之時，嵯峨天皇因篤信佛教而首開先例，發布肉食禁令，其後歷任多位天皇也照做，以致在長達一千兩百年禁止吃禽畜類肉食的社會背景下，貴族們、領導階層的武士被迫吃素，遠離了肉食，養成了食素的習慣，甚至平安時代末期開始，還曾禁止吃魚。

穀物、醃菜、海帶、紫菜、茶泡飯、飯糰就是在這樣的條件下大行其道。例如茶泡飯所用綠茶，壓緊之後切成條狀，和飯一起沖泡，雖然方便吃，卻缺乏豐富均衡的營養。直到明治維新之後的一八七六年，明治天皇才下令解除肉食禁令。

老饕的夢幻逸品 河豚

鮮美的河豚則曾經「謀殺」了大量的武士。西元一五九二年至一五九八年，豐臣秀吉下令侵略朝鮮，日本武士收到命令，從各地趕到肥前名護屋城會合，途經山口縣下關及北九州一帶，正值河豚盛產時，吮指的美味讓武士們斷送了性命，獲悉此事的豐臣秀吉怒吼：「想死也要給我死在朝鮮！」於是發出禁令，不准武士們吃河豚，總算控制住武士紛紛暴斃的情況。

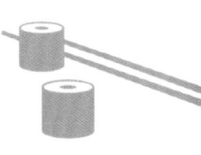

日本人說「拚死吃河豚」，美味但內臟含有劇毒、須先完整處理掉的河豚，是頂級食

材，餐廳必須擁有安全的貨源，以及具有專業的河豚處理證照的師傅，才能開賣河豚。

・河豚生魚片（フグサシ，fugusashi）：供應河豚的店家，通常都會推出趁鮮吃的河豚生魚片，切成薄片，一片片宛如潔白剔透的羊脂白玉，像牡丹盛開般地排放在精選的陶瓷盤上，算作一份，是老饕食客的夢幻逸品。

享用這道特殊的河豚生魚片要注意，先觀賞廚師切片排盤如孔雀開屏、牡丹盛開的盤中美姿，然後從中央開始，隨著擺放時的螺旋狀，向盤子邊緣挾取，才不會導致造型崩毀。

河豚生魚片通常都附上蔥段、紅葉末醬（蘿蔔、紅辣椒混磨成糊狀）、柚子酢，應該把它放在河豚魚肉上，捲起來食用，除了可以體會味道上的變化之外，也比較美觀。河豚生魚片通常切得非常薄，這是因應河豚魚肉的特性，如果覺得這樣吃得太慢，而將好幾片疊在一起食用，不但浪費了精巧的刀工，也形同牛嚼人參，糟蹋了河豚的美味。

・河豚火鍋、烤河豚魚翅骨：除了刺身的作法，比較常見的河豚料理方式是火鍋，搭配白菜、大蔥、豆腐及高湯煮滾，即可享用，沒喝完的火鍋湯別浪費，還可加進米飯當雜燴粥來吃，保證睡到入夢都會笑，此外，有些餐廳會烤河豚魚翅骨上桌，香味很迷人，是配酒的上品。

每年一月至三月初是河豚最鮮美的季節，只要找到值得信賴的餐廳，一定能大飽口福，絕對是畢生至少要體驗一次的美味！如果有幸嘗到雄河豚的魚白（精巢，フグの白子）、烤河豚魚翅骨泡的酒（フク，發音同「幸福」），那就幸福滿分了。

特色平民美食 茶泡飯

・**茶泡飯（お茶漬け）**：指的是日式煎茶沖飯，煎茶和一般中國、台灣的綠茶不同，在性質上雖然也屬於不發酵的綠茶，但在製作上採用的是以蒸氣蒸煮的蒸菁技術，而非乾炒的炒菁技術，在形色味上顯得較青綠清香。

茶泡飯是很居家的平民美食，可使用冰箱內的現有食材來製作，湯汁可用鰹魚或柴魚、雞湯、昆布熬煮，下飯且有營養。最簡單的茶泡飯是在白飯上撒放海苔、梅子或鮭魚等配料，再淋上剛泡好的日本煎茶即可。在日本，上班族常在應酬結束回家後吃一碗茶泡飯醒酒，因而茶泡飯往往被認為是男性吃的飯食，就像份量較多的牛丼一般。

關於茶泡飯的作法和享用方式，舉鮭魚茶泡飯為例，先用滾水或柴魚湯沖勻綠茶，待鮭魚鬆放到碗中的白飯上，撒上香鬆，即可把綠茶湯汁淋到飯上食用。

生山葵現磨芥末滋味較香甜，不敢吃塑膠包裝芥末的人不妨一試。

至於是否有芥末放在邊緣，端視個人喜好而要求添加芥末。日本人對於要不要加芥末的想法很分歧，店家一定會附上，加的人也很多；然而也有日本人表示茶泡飯加芥末是邪道，所以如不想加芥末，也可在點餐時先告知。

日本主婦的清冰箱料理 雜燴粥

・**雜燴粥（雜炊）**：可以說是雜煮和稀米飯混合的家常鍋。以香魚雜燴粥的作法和品嘗方式為例，取雞骨高湯加香菇、紅蘿蔔、香魚、白飯、蔥絲煮開，再轉小火熬煮到呈現濃稠狀即可，是解決廚房剩料的妙方。此外，也可以在享用完火鍋料理後，把剩餘的高湯加入少許白飯煮成雜燴粥，滋味香噴噴，保證很飽足。

在日本居酒屋常可以吃到雜燴粥，高湯是美味的祕訣，日式高湯除了雞骨高湯，最常見的是昆布、柴魚片高湯。高湯是美味的源頭，對於高湯十分講究的日本人更把它分為第一次高湯、第二次高湯，歷經兩次才得以萃取出精華，而這樣的高湯正是雜燴粥、雜煮、湯品、火鍋、涮涮鍋的不敗王道。

所謂第一次高湯，是在短時間內就萃取出材料的美味成分。通常是水煮昆布沸騰後，加入柴魚片煮滾後用小火熬；由於撈除掉浮沫，高湯透明、味鮮清香，主要用於吸汁、湯物料理、煮滷料理。第一次高湯的湯底再添加柴魚片，撈除浮沫，就是第二次高湯，可用於味噌湯等及煮滷料理。

湯類簡單分為清湯、潮吸汁、味噌湯、蔬菜湯、濁湯、磨成泥後加以稀釋的湯等各種不同作法，製作湯類料理有要訣，清湯或白味噌湯要使用由柴魚片、昆布熬煮出來的第一次高湯；小魚乾高湯或生高湯等味道較濃的高湯，適用於紅味噌湯或加入豐富材料的湯。以高湯熬煮成的雜燴粥，滋味令人難忘。

之三。

與用餐有關的基本日語

為了避免在日本的餐廳裡只會用手指著圖片說：「這個、這個」（これ、これ），甚至偷瞄、一直看別桌點什麼、吃什麼，有失禮貌，這裡提供用餐的簡單日語，如果到日本人開的餐廳或赴日旅遊，都可派上用場。

・**您好。**

こんにちは（konnichiwa）

・**抱歉，打擾一下。（要請服務員過來一下）**

すみません（sumimasen）

・**要等多久才會有空位？**

いつ空きますか？（itsu akimasuka）

・**請讓我看看菜單。**

メニューを見せてください（menyu- o misetekudasai）

・**我想要點餐。**

注文したいです（tyuumon shitai desu）

・**推薦餐點是什麼？**

おすすめはどれですか？（osusume wa doredesuka）

點餐時說「〇〇をください」或「〇〇をお願いします」都可以，如果要點兩樣以上的東西，就在餐點之間用「と（to）」串聯即可，日本的量詞放在名詞之後，所以中文說「一碗拉麵」，日文則說「拉麵一碗（ラーメン一杯）」，如果無法正確使用日文的量詞，就全部用「個（つ）」來計算。如果不說數量，通常店家會自動理解為要一份。

一個　ひとつ（hitotsu）
二個　ふたつ（futatsu）
三個　みっつ（mittsu）
四個　よっつ（yottsu）
五個　いつつ（itsutsu）

・我要味噌拉麵

味噌ラーメンをください（Misoramen o kudasai）

・我要醬油拉麵跟豚骨拉麵

醤油ラーメンと豚骨ラーメンをください（Syoyuramen to tonnkotuuramen o kudasai）

・我要兩個烤魚定食

焼き魚定食を二つください（Yakisakanateisyoku o futatsu kudasai）

・我要這個

これを下さい（Kore o kudasai）

・我要點和那個一樣的

あれと同じ料理を下さい（Are to onaji ryori o kudasai）

・我要加點

追加をお願いします（Tsuika o onegaishimasu）

・這個和風沙拉的份量大約是多少？

この和風サラダの量はどれくらいですか？（Kono wafuusarada no ryo wa dorekuraidesuka）

・大阪燒裡面有什麼料？

お好み焼きには何が入っていますか？（Okonomiyaki niwa naniga haitteimasuka）

・這個廣島燒裡面有牡蠣嗎？

この広島焼きには牡蠣が入っていますか？（Kono hiroshimayaki niwa kakiga

haitteimasuka）

・我明白了。

わかりました（Wakarimashita）

・我不明白、不懂。

わかりません（Wakarimasen）

・好吃、好喝。

美味しいです（Oishiidesu）

・不好吃、不好喝。

美味しくないです（Oishikunaidesu）

・請給我叉子（盤子／餐刀／筷子）。

フォーク（取り皿／ナイフ／箸）を下さい

（Fo-ku（torizara ／ naifu ／ hashi）o kudasai）

・有啤酒嗎？

ビールはありますか？（Bi-ru wa arimasuka）

・有甜點嗎？

デザートはありますか？（Deza-to wa arimasuka）

・我點的菜還沒做好嗎？

注文したものはまだですか？

（Chumonshitamono wa madadesuka）

・我沒有點這個。

これ頼んでないです（Kore tanonndenai desu）

・廁所在哪？

トイレはどこですか？（Toire wa dokodesuka）

・對不起。

ごめんなさい（Gomen nasai）

・沒關係。（當別人致歉時）

だいじょうぶです（Daijobudesu）

・我要外帶。

テイクアウトでお願いします（Teikuauto de onegaishimasu）

以下列舉比較常用到的菜色名稱及用句，供讀者了解、練習發音，正確表達。

菜單舉例	
中文寫法	日文寫法
涼拌類	和物
醃漬類	漬物
用醋涼拌的小菜	酢物
生魚片	刺身
燉煮類	煮物
油炸類	揚物、炸物
燒烤類	焼き物・串焼
魚蝦／海鮮類	魚・魚介
蔬菜類	野菜
湯類	吸物、汁
飯類	御食事
豬肉類	豚肉
牛肉類	牛肉
山藥冷豆腐	とろろ冷奴
烏賊沙西米	いかつくり
鹽燒松阪豬肉	松坂豚の塩焼き
甜蝦手捲	甘エビの手巻
玉子燒	だしまき
和風炸雞	鶏の和風から揚げ
雞肉類	やきとり
雞翅串燒	鶏手羽
土雞串燒	地鶏
雞肉丸	鶏のつみれ
雞豚串燒	豚と鶏の串焼き
雞心串燒	砂肝
雞肝串燒	鶏レバー

菜單舉例	
中文寫法	日文寫法
雞皮串燒	鶏皮
雞腿軟骨	鶏なんこつ
醬燒蔥雞串燒	鶏肉ネギまタレ
烤香魚	焼きあゆ
烤秋刀魚	さんま焼き
鯛魚下巴	タイのカマ
烤鯖魚	焼きサバ
北海道花魚	ホッケ
小卷鹽串燒	イカ串焼き
柳葉魚	シシャモ
活蝦鹽串燒	クルマエビ
炸軟骨	なんこつからあげ
青椒串燒	ピーマン
玉米串燒	焼きもろこし
鮮香菇串燒	生シイタケ
大蒜串燒	ニンニク
洋蔥串燒	タマネギ
醬烤揚豆腐	厚揚げタレ
銀杏串燒	ぎんなん
羊排	ラムステーキ
牛舌串燒	牛タン
松阪豬肉	松坂豚
豬肝串燒	豚レバー
豬肉串燒	豚肉

《壽司》			
おさしみ（お刺身）	生魚片 osashimi	うなぎ	鰻 unagi
あかがい	赤貝 akagai	うに	海膽 uni
ひらめ	比目魚 hirame	えび	蝦 ebi
さけ	鮭 sake（發音與清酒相同）	かき	蚵仔 kaki
まぐろ	鮪 maguro	めし	飯 meshi

《烹煮料理手法》			
なべりょうり	火鍋 naberyouri	やきにく	（燒肉）烤肉 yakiniku
すきやき	壽喜燒 sukiyaki	ちゅうかりょうり	中華料理 tyuukaryourl
にほんりょうり	日本料理 nihonryouri		

《蔬菜類》			
青ねぎ	青葱 aonegi	たまねぎ	洋蔥 tamanegi
やさい（野菜）	蔬菜 yasai	しいたけ（椎茸）	香菇 shitake
もやし	豆芽菜 moyasi	なっとう	納豆 natto
だいこん（大根）	白蘿蔔 daikon	にんじん（人参）	紅蘿蔔 ninjin
さといも	里芋 satoimo	キムチ	泡菜 kimuchi
ごぼう	牛蒡 gobou	キャベツ	高麗菜 kyabetsu
かぼちゃ	南瓜 kabotya	なすび	茄子 nasubi

《水果類》			
メロン	香瓜 meron	いちご	草莓 ichigo
みかん	橘子 mikan	バナナ	香蕉 banana
ぶどう	葡萄 budou	もも	桃 momo
りんご	蘋果 ringo	レモン	檸檬 remon
すいか	西瓜 suika	オレンジ	柳橙 orennji
トマト	番茄 tomato		

《主食類》			
べんとう（弁当）	便當 bentou	えきべん（駅弁）	鐵路便當 ekiben
てんどん	炸蝦蓋飯 tendon	ていしょく	定食 teishoku
カレーライス	咖哩飯 kareraisu	いくら丼	鮭魚卵蓋飯 ikuradon
カツどん	豬排蓋飯 katudon	おやこどん	雞肉蓋飯 oyakodon
ぎゅうどん	牛肉蓋飯 gyuudon	ぎゅうトロどん	生牛肉蓋飯 gyuutorodon
うなどん	鰻魚蓋飯 unadon	かいせんどん	海鮮蓋飯 kaisendon
チャーシュー	叉燒 tyasyu	やきそば	炒麵 yakisoba
ギョーザ	煎餃子 gyoza	ざるそば	日式涼麵 zarusoba
うどん	烏龍麵 u do n	チャーシューメン	叉燒麵 tyasyumen
ラーメン	拉麵 ra me n	そば	蕎麥麵 soba
のり	海苔 nori	かえだま（替玉）	加麵條 kaetama
やわらかい（軟い）	（麵）軟 yawarakai	かたい（硬い）	（麵）硬 katai

《關東煮》			
ちくわ	竹輪 tikuwa	はんベン	鱈魚豆腐 hanben
こんにゃく	蒟蒻 konnyaku	ロールキャベツ	高麗菜捲 rorukyabetu

《點心》、《飲料》			
ケーキ	蛋糕 keki	パン	麵包 pan
チースケーキ	起司蛋糕 chizukeki	イチゴケーキ	草莓蛋糕 ichigokeki
アイスクリーム	冰淇淋 aisukurimu	ドーナツ	甜甜圈 donatu
ヨーグルト	優格 yoguruto	ソフトクリーム	霜淇淋 sofuto kurimu
あめ	糖果 ame	コーラ	可樂 kora
さとう	砂糖 satou	ジュース	果汁 jyusu
みず	水 mizu	ミルク	牛奶 miruku
おちゃ	茶 otya	コーヒー	咖啡 kohi
ウーロン茶	烏龍茶 urontya	こうちゃ	紅茶 koutya
ビール	啤酒 biru	ワイン	紅白酒 wain

《其他》			
ピザ	披薩 piza	サンドイッチ	三明治 sandoicchi
サラダ	沙拉 sarada	ハンバーガー	漢堡 hanbaga
スパゲッテイ	義大利麵 subagecchei	ハンバーグ	漢堡（肉）排 hanbagu

《餐廳裡的簡單用語》	
我們共有三個人。 全部（ぜんぶ）で 3人（さんにん）です。 Zenbude sannindesu	有座位嗎？ 席（せき）は ありますか Sekiha arimasuka ？
我沒有訂位。 席（せき）を 予約（よやく）していません。 Sekiwo yoyakushiteimasen。	等一下還會有一個人來。 もう一人（ひとり） あとで きます。 Mouhitori atode kimasu。
請給我菜單。 メニューを お願（ねが）いします。 Menyu o onegaishimasu。	有沒有中文菜單？ 中国語（ちゅうごくご）の メニューは ありますか？ Tyugokugono menyuha arimasuka ？
請給我一杯水。 お水（みず）を ください。 Omizuwo kudasai。	請不要加冰塊。 （こおり）を 入（い）れないで ください。 Koriwo irenaide kudasai。
請換個盤子。 お皿（さら）を とりかえて ください。 Osarawo torikaete kudasai。	洗手間在哪裡？ トイレは どこ ですか？ Toireha doko desuka ？
請結帳。 お会計（かいけい）を お願（ねが）いします。 Okaikei o onegaishimasu。	請幫我打包。 テイクアウトを お願（ねが）いします。 Teikuautowo onegaishimasu。

日本料理大不同

細說日本料理　讓你做個日本通

作　　者・林麗娟、吳寧真
攝　　影・林麗娟、吳寧真、陳招宗（感謝葉振興、涂宗和先生提供部分照片）
編　　輯・鍾若琦
美術設計・王吟棣
校　　對・李雯倩

發 行 人・程顯灝
總 編 輯・呂增娣
主　　編・李瓊絲、鍾若琦
編　　輯・許雅眉、鄭婷尹、陳思穎、李雯倩
美術總監・潘大智
資深美編・劉旻旻
美　　編・游騰緯、侯心苹、閻虹
行銷企劃・謝儀方、吳孟蓉

發 行 部・侯莉莉
財 務 部・許麗娟
印　　務・許丁財
出 版 者・四塊玉文創有限公司

總 代 理・三友圖書有限公司
地　　址・106 台北市安和路 2 段 213 號 4 樓
電　　話・(02) 2377-4155
傳　　真・(02) 2377-4355
E － mail・service@sanyau.com.tw
郵政劃撥・05844889 三友圖書有限公司

總 經 銷・大和書報圖書股份有限公司
地　　址・新北市新莊區五工五路 2 號
電　　話・(02) 8990-2588
傳　　真・(02) 2299-7900

製　　版・興旺彩色印刷製版有限公司
印　　刷・鴻海科技印刷股份有限公司

初　　版 2015 年 9 月
定　　價 新臺幣 340 元
I S B N 978-986-5661-52-6（平裝）
◎版權所有・翻印必究
書若有破損缺頁 請寄回本社更換

SANYAU
http://www.ju-zi.com.tw
三友圖書

國家圖書館出版品預先編目（CIP）資料

日本料理大不同：細說日本料理 讓你做個日本通
／林麗娟，吳寧真著．-- 初版．
-臺北市：四塊玉文創，2015.09
面；　公分
ISBN 978-986-5661-52-6（平裝）

1. 飲食風俗 2. 文化 3. 日本

538.7831　　104017234